人狼知能

だます・見破る・説得する人工知能

●共著
鳥海不二夫
片上大輔
大澤博隆
稲葉通将
篠田孝祐
狩野芳伸

森北出版

●本書のサポート情報を当社 Web サイトに掲載する場合があります．下記の URL にアクセスし，サポートの案内をご覧ください．

http://www.morikita.co.jp/support/

●本書の内容に関するご質問は，森北出版 出版部「(書名を明記)」係宛に書面にて，もしくは下記の e-mail アドレスまでお願いします．なお，電話でのご質問には応じかねますので，あらかじめご了承ください．

editor@morikita.co.jp

●本書により得られた情報の使用から生じるいかなる損害についても，当社および本書の著者は責任を負わないものとします．

■本書に記載している製品名，商標および登録商標は，各権利者に帰属します．

■本書を無断で複写複製（電子化を含む）することは，著作権法上での例外を除き，禁じられています．複写される場合は，そのつど事前に(社)出版者著作権管理機構（電話 03-3513-6969，FAX 03-3513-6979，e-mail：info@jcopy.or.jp）の許諾を得てください．また本書を代行業者等の第三者に依頼してスキャンやデジタル化することは，たとえ個人や家庭内での利用であっても一切認められておりません．

まえがき

　恐ろしい夜がやってきた。この村には、人間の姿に化けられる人喰い人狼が潜んでいる。人狼は人間と同じ姿をしており、昼間には区別がつかず、夜になると村人たちを1人ずつ襲っていく。村人たちは疑心暗鬼になりながら、話し合いによって人狼と思われる人物を1人ずつ処刑していくことにした……。

　これが、人狼ゲームのバックグラウンドストーリーである。
　人狼ゲームは古くからヨーロッパやロシアで遊ばれていたゲームをもとにしてつくられたコミュニケーション型のゲームである。プレイヤーは人間陣営と人狼陣営に分かれ、お互いに相手陣営のプレイヤーをゲームから排除しながら勝利を目指す。プレイヤーはさまざまな能力をもつ役職を割り当てられ、それぞれの能力を駆使してゲームを行う。しかし、その役職や能力によって得られた情報は当該プレイヤーのみに知らされるため、プレイヤーごとに情報の偏りが生じる。この偏りを利用して自分の陣営に有利なようにゲームを展開させるべく議論を行うのだが、この議論こそが人狼ゲームの本質である。
　人狼ゲームは、カードを用いて対面で行われるゲームであるが、日本では、古くからWeb上で遊ばれるBBS人狼とよばれる掲示板型の人狼が存在し、多くのプレイヤーを獲得してきた。また、2013年頃からテレビ番組で有名人による人狼のプレイの様子が放送されたり、動画サイトで将棋の棋士による人狼の対戦が放送されたり、あるいは人狼のプレイを演劇として見せたりといった、エンターテイメントとしての「魅せる人狼」も盛んに行われている。
　人狼ゲームは、プレイヤーごとにもっている情報に偏りがある、不完全情報ゲームとよばれる種類のゲームである。不完全情報ゲームでは、将棋や囲碁、チェスといった双方の情報が完全に与えられたゲームと異なり、相手の手

のうちを予測しながら行動する必要がある。完全情報ゲームにおいては、現在すでに将棋、チェスなど多くのゲームで人工知能が人間のプロを負かすレベルに達している。とくに2016年に囲碁のトッププロを人工知能が打ち負かしたニュースは記憶に新しい。それに対して、不完全情報ゲームにおいては、まだ人工知能が人間を負かした例は多くない。

さらに、人狼ゲームの進行はコミュニケーションによって行われるため、ゲームの状況をコンピュータに理解しやすい形で教えることが難しい。これもまた、人狼が状況を記号的に表現可能な将棋や囲碁などのゲームと大きく異なる点である。このような性質が、人狼ゲームをプレイ可能な人工知能の構築にとって大きな壁となる。一方で、壁が高ければ高いほど、それは研究として挑むべき課題が多いということを意味し、人工知能の新しいチャレンジとしてふさわしいと言える。

2013年に人狼ゲームをプレイする人工知能を実現することを目的としたプロジェクト「人狼知能プロジェクト」が発足し、2016年現在、人工知能学会らの後援を受けつつその課題に向け研究が進んでいる。

本書では人狼知能プロジェクトの概要および越えるべき課題、そして現状について解説する。

本書の構成は以下のとおりである。

まず、第1章で人狼知能とは何か、人狼知能プロジェクトとはどのようなプロジェクトなのかについて説明し、人狼知能研究が何を目指して行われているのかについて解説する。

第2章では、本書のメインテーマとなる人狼ゲームについて説明を行う。人狼ゲームについて理解するには実際にプレイするのが一番である。とはいえ、人狼の知識がまったくないと本書の内容の理解は難しいだろう。そこで、本書の理解に問題がない程度に人狼に関する知識を得られるよう、ルールやプレイ方法について解説する。また、人狼ゲームの広がりを感じてもらうために、いまどのような場で人狼ゲームが楽しまれているかについても紹介する。

第3章では人狼知能を実現するためのロードマップを示し、どのような流れで技術発展が進んでいるのかを説明する。

第 4 章以降では、具体的な要素技術について述べていく。まず、第 4 章では人工知能に人狼をプレイさせるという視点から、人狼ゲームをプレイするときに人は何を考え、どのように思考をしているのかを考察する。人狼ゲームをプレイするために使われる「知能」や、人狼ゲームで使われるコミュニケーションを人工知能が理解できる形に落とし込む方法などについて解説する。

　第 5 章では、人狼ゲームのプレイログを分析した結果から、人狼ゲームとはどのようなゲームなのかに迫った研究を紹介する。

　第 6 章では、人工知能による人狼ゲームの大会である人狼知能大会について紹介する。

　第 7 章では、人狼知能が単にゲームをプレイする人工知能を開発することにとどまらず、実際に人間とプレイするエージェントを実現するための技術について述べる。

　最後に、第 8 章では人狼知能の研究が将来的な人工知能および社会の発展にどのように寄与するかについて述べる。

　本書は、人工知能に興味をもつ学生の皆さんをはじめとして、ゲーム設計者・開発者、人狼ゲーム好きな方々に向けて、人工知能に人狼ゲームをプレイさせることの意義、そして現在どの程度の課題がクリアできており、どのような課題が存在するのかを紹介する目的で執筆された。本書を通じて人狼知能研究への関心をもっていただくことで、本書がより多くの学生・研究者・開発者の皆さんのプロジェクトへの参画につながることを期待したい。

2016 年 7 月

著　者

人狼知能 ▶ # 目次

まえがき ……………………………………………………………………… i

第 1 章 人狼知能とは何か？ 1
1.1 なぜ人狼ゲームを人工知能にプレイさせるのか ……………… 2
1.2 これまでのゲーム AI 研究 …………………………………… 7
 コラム　コンピュータ将棋の展開 ▶ 8
1.3 AI のグランドチャレンジとしての人狼知能 ………………… 11
1.4 ゲーム AI としての人狼知能は何を目指すのか ……………… 16

第 2 章 人狼ゲーム概説 21
2.1 人狼ゲームの流れ ………………………………………………… 22
2.2 勝利条件 …………………………………………………………… 24
2.3 人狼ゲームにおける役職とその役割、戦略 …………………… 25
　2.3.1 基本的なプレイ ▶ 26
　2.3.2 各陣営からみた人狼ゲーム ▶ 27
　2.3.3 人狼ゲームにおけるプレイヤーの基本戦略 ▶ 28
2.4 人狼ゲームにおけるセオリー …………………………………… 30
2.5 人狼ゲームの広がり ……………………………………………… 36
　2.5.1 人狼ゲームの歴史 ▶ 36
　2.5.2 オンライン型人狼ゲーム（短期人狼・BBS 人狼）▶ 37
　2.5.3 対面人狼 ▶ 38
　2.5.4 エンターテイメントとしての「魅せる人狼」▶ 39
 コラム　人狼ゲーム面接 ▶ 41

第 3 章 人狼知能の実現に向けて 43
3.1 人狼知能研究・開発のロードマップ …………………………… 43
3.2 人狼知能のための認知モデル …………………………………… 45

3.3 人間どうしによるプレイの解析 …………………………………… 45
3.4 人狼知能の構築 …………………………………………………… 46
3.5 人狼知能エージェントの構築 …………………………………… 47

第 4 章　人狼知能のための認知モデル　51

4.1 人狼プレイヤーの頭のなか ……………………………………… 51
　4.1.1 行動決定のための情報処理モデル　▶　53
　4.1.2 認知モデルからの実装の検討　▶　56
　4.1.3 「思考」のモデル　▶　59
　4.1.4 「協調」のモデル　▶　62
　4.1.5 「記憶」のモデル　▶　63
4.2 エージェントの思考メカニズムの説明：様相論理の視点から …… 65
　4.2.1 推理と説得の構造について　▶　65
　4.2.2 可能世界とライン推理　▶　72

第 5 章　人間どうしによるプレイの解析　77

5.1 人狼とはいかなるゲームなのか
　　～BBS 人狼のプレイログデータから見えてくるもの～ ………… 77
5.2 人狼ゲームの基本的行動の学習可能性 ………………………… 79
　5.2.1 人狼 BBS におけるプレイヤーの経験による行動の変化　▶　79
　5.2.2 個人の経験とプレイスキルの変化　▶　81
　5.2.3 集団性の効果　▶　84
5.3 役職の強さの推定 ………………………………………………… 87
5.4 勝つための議論 …………………………………………………… 91
5.5 本章のまとめ ……………………………………………………… 94
　コラム　5人人狼　▶　95

第 6 章　集合知による人狼知能の構築～人狼知能大会　99

6.1 人狼知能大会とは ………………………………………………… 99
6.2 人狼知能大会参加のために ……………………………………… 100
6.3 プロトコル・ルール説明 ………………………………………… 101

6.3.1　人狼知能大会におけるゲームの流れ　▶　101
　　　6.3.2　人狼知能大会における勝利条件　▶　102
　　　6.3.3　人狼知能大会における役職の定義　▶　102
　　　6.3.4　昼のフェーズ・夜のフェーズ　▶　104
　　　6.3.5　プレイヤーが取得可能な環境情報　▶　107
　　　6.3.6　各種ルール　▶　108
　　　6.3.7　人狼知能プロトコル　▶　110
　6.4　人狼知能のプログラミング………………………………………113
　6.5　実際につくってみよう……………………………………………117
　6.6　第1回人狼知能大会の結果から見えてくるもの………………118
　6.7　人狼知能大会の今後の計画………………………………………120
　　　コラム　人狼知能大会優勝チームのアルゴリズム　▶　122

第7章　人狼知能エージェントの構築　125

　7.1　人狼ゲームをプレイするエージェント…………………………125
　7.2　人狼知能のための自然言語処理…………………………………126
　　　コラム　自然言語処理に関係するその他の人工知能プロジェクト　▶　134
　7.3　擬人化エージェントの開発………………………………………136
　7.4　インタラクションロボットの開発………………………………139

第8章　人狼知能が拓く未来　147

　索　引……………………………………………………………………151

人狼ゲーム早わかり　※詳しくは第2章参照。

◎プレイヤーは人狼陣営と村人陣営に分かれます。

◎昼のフェーズ：全員で議論をして、村から追放するプレイヤーを1人決めます。

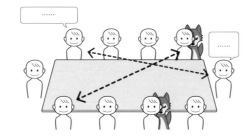

◎夜のフェーズ：人狼どうしで話し合い、襲撃するプレイヤー1人を決めます。

◎昼と夜を繰り返して、
- 人狼がすべて追放された→村人陣営の勝ち！
- 村人が人狼と同数以下になった→人狼陣営の勝ち！

◎何人かの村人には、特殊能力があります。

占い師　　霊媒師　　狩人　　裏切り者

第 1 章

人狼知能とは何か？

　「人狼」というゲームがある。
　これは、プレイヤーが善き村人とそれを狙う人狼に分かれ、村人は人狼を排除することで、人狼は村人を襲い村から排除することで勝利を目指すゲームである。
　ただし、村人となったプレイヤーはどのプレイヤーが人狼なのかを知らない。そのため、疑心暗鬼になりながら人狼らしきプレイヤーを（ときには間違えながら）排除していく。一方、人狼となったプレイヤーたちは互いが人狼であることを認識したうえで、自分達が人狼であることを隠し、善良な村人の振りをしながら村人であるプレイヤーを襲撃していく。
　このゲームの醍醐味は、人狼として見事村人プレイヤーをだましきって勝利すること、あるいは村人として人狼プレイヤーの嘘を見破って排除することにある。「うまくだました」、「うまく見破った」、「うまく説得した」。このぎりぎりのせめぎ合いの感覚が、ほかにはない人狼ゲームの面白さである。
　筆者らはこの人狼ゲームを、ゲームプレイ AI が将棋や囲碁の次に目指すべき課題となるだろうと考え、人狼ゲームをプレイする人工知能、名づけて「人狼知能」の実現を目指し研究している。現在までに人狼知能の開発はもちろん、人狼知能開発のためのプラットフォームを構築するとともに、そのプラット

フォームを使った人狼知能大会の開催も行っている。大会については後ほど（第6章にて）詳しく述べるが、2015年に開催された第1回には多くのプログラマや人狼ファンが自作の人狼知能で参加し、人狼知能プロジェクトの未来を感じさせる大会となった。

1.1 なぜ人狼ゲームを人工知能にプレイさせるのか

さて、人狼知能プロジェクトでは、人狼ゲームをプレイする人工知能を開発しているわけであるが、なぜ「人狼ゲーム」なのだろうか。筆者らが人狼知能の開発を目指すのには、大きく二つの理由がある。

まず一つ目の理由は、人工知能技術の発展への貢献である。
第三次AIブームと言われる近年、ワトソン（Watson）、ディープラーニング（Deep Learning）、シンギュラリティ、あるいは自動車の自動運転など、人工知能に関する話題にこと欠かない。2000年代のWebの発展による情報流通の高度化に伴い、ビッグデータの時代が到来した。当然、次に問題になるのはその情報をどのように処理して活用するかであり、その技術としての人工知能に注目が集まっている。これは科学技術の発展の形としては順当だと言える。すでにさまざまな分野で人工知能技術が応用されつつあり、今後は人工知能を私たち人間の社会に組み込むことを考慮した社会システムのデザインが必要になってくると考えられる。

近年の人工知能技術の進展をわかりやすく象徴するものの一つに、ゲーム対戦AIがある。ゲーム対戦AIには、人間と対戦してゲームに勝つという明確な目標を掲げることで、人工知能がどの程度賢くなったのかが一目で理解できるという利点があり、主にチェスや将棋・囲碁などのボードゲームを中心に開発が進められてきた。2015年秋には、日本の情報処理学会がわずか5年という期間で「コンピュータ将棋プロジェクトの終了宣言」を出したが、その記憶が薄れる間もない2016年3月には、囲碁においてもGoogleが開発したAlphaGoが世界トッププロであるイ・セドル（九段）を破るという快挙が成

し遂げられた。

　このように、人工知能の技術は分野によってはすでに人間の能力を大きく凌駕し、テストベッドとして利用されていたゲームにおいても人工知能が人間に勝利しつつある。この状況下で、筆者らが新たな人工知能のテストベッドとして適しているのではないかと考えたのが、「人狼ゲーム」である。人狼知能プロジェクトでは、人狼ゲームという囲碁・将棋などとは異なるタイプのゲームを用いることによって、人工知能をまた別の角度から評価しようと試みている。では、これまでのゲームにはない人狼ゲームの特徴とは何だろうか？

■**人狼ゲームの特徴**

　ゲームの構造という点から見ると、人狼ゲームには囲碁・将棋といったボードゲームと大きく異なる点が二つある。一つは、人狼ゲームが完全情報ゲームではなく不完全情報ゲームである点、もう一つは記号化が困難なコミュニケーションゲームである点である。

　囲碁や将棋では、すべてのプレイヤーがゲームの状況を完全に観測可能な状態にある。つまり、ゲームの一つのシチュエーションに対して、プレイヤーごとに得られる情報はまったく同じであり、得られる情報が同じであれば、まったく同じシチュエーションであることが保証される。このようなゲームを完全情報ゲームとよぶ。一方で、人狼ゲームではまったく同じ情報が与えられたとしても、与えられていない情報が存在するため、ゲームの状況が異なっている可能性がある。これが**不完全情報性**である。完全情報ゲームに対しては、ゲームの状態を記述し、探索アルゴリズムを用いて手を決めるのが普通だが、不完全情報ゲームでは、そうしたゲーム AI の一般的な手法を適用するのが困難である。そのため、新しいアルゴリズムの開発が必要となる。

　さらに、人狼ゲームにおけるゲームの状況をコンピュータに理解させることが困難であるという問題がある。これが、**記号化困難性**である。囲碁や将棋では現在の盤面の状況を数字に変換することで、コンピュータにも容易に理解できるようにすることが可能である。一方で、人狼ゲームは基本的にコミュニケーションを通して行われるが、その内容を記号化することは簡単ではない。そのため、ゲームの状況を一つの方法で表現し、人工知能が処理しやすい形式に直

すことが難しい。これらの技術的課題を解決することは、新しい人工知能の発展に大きく寄与すると期待されている。

　また、ゲームAIとしてだけでなく、コミュニケーションAIという観点からも、人狼知能は可能性を秘めている。今後の人工知能の発展の方向性を考えたときに、人狼知能の派生技術が、コミュニケーションAIに応用できると考えられるからだ。人狼ゲームにおいて重要な「だます」、「見破る」、「説得する」といった行為は、人間どうしのコミュニケーションにおいても普通に行われるものである。にもかかわらず、これまでの人工知能の開発では、コンピュータが得意とする情報の記憶や検索が中心的であり、そうした技術の開発はあまり積極的に行われていなかった。しかし、今後社会のなかで人工知能を活用していくためには、これらの技術は必要になるだろう。以下、「だます」、「見破る」、「説得する」能力がどう役に立つか見ておこう。

■人をだます人工知能／人の嘘を見破る人工知能

　人狼知能についてよくされる質問に「人工知能が人をだましてもよいのか」というものがある。どうも人々の頭のなかには、「人工知能やロボットは反乱を起こすものだ」という概念が（主にハリウッド映画によって）すり込まれているようである。実際、人工知能が人をだましたほうがよい場面があるかと言えば、答えはYESである。たとえば、カーナビゲーションの道案内などでは、本当に空いている道を運転者には教えないほうがよい場合があることがわかっている。空いている道があったとしても、すべての運転者にその道を案内すると、今度はそちらが混雑して、もとの道が空いてしまうことがある◆1。そこで、あえて半分程度の運転者には混雑した道を案内する。混雑を平均化することで全体最適化を目指したほうが、社会全体としては皆が幸せになれるのである。このとき、もとの混雑した道を案内された運転者は、カーナビ（人工知能）にだまされたということもできるだろう。

　より直接的な例を考えてみよう。たとえば、とある小学生の家に居候している青いネコ型ロボットが、出された食事がイマイチだったときに「この食事は

◆1　これをブライスのパラドックスという。

あまり美味しくないね」と言うべきだろうか？ この場合、「個性的な味ですね」などとオブラートに包んだ言葉で相手を傷つけないようにすることは重要であろう。あるいは、もし魔法の鏡が嘘をつく機能を搭載していれば、「世界一綺麗な女性はあなたです、お后様」と答えることができ、白雪姫は毒リンゴを食べずにすんだかもしれない◆1。

この「人工知能は嘘をついていいのか」という疑問が成り立つこと自体が示唆するのは、私たち人間もまた人工知能に対して真実を述べるとは限らないということである。そのため、人間の相手をする人工知能は人間が嘘をつくという前提に立って行動を行う、つまり見破る能力をもつことが必要となる。もしそのような機能がなければ、青いネコ型ロボットは、短パンをはいた眼鏡の小学生の男の子によって、あの手この手でだまされてさまざまな道具を素直に貸し与えてしまい、男の子に悪用されてしまうわけである。

■ **説得する人工知能**

このように、私たちが住んでいる社会での円滑なコミュニケーションには、多少の嘘や真実ではない言葉が含まれるのは当然のことになっている。それらは、人間が他者との関係（社会）のことを考えたうえでの行動であり、必ずしも悪いことではない。そのため、人工知能も、そうした行為を理解することなく私たち人間の住む社会のなかに溶け込むことはできないだろう。また、完全な嘘とまでは言えなくても、結果としての嘘をついてしまう状況もある。なぜなら、世のなかにはいくつも答えがある問いがあり、複数ある答えのなかからできるだけ最適な解を提示しなくてはならないような状況があり得るからだ。たとえば、「家から職場までどういうルートで行けばよい？」という質問に対して、速さを重視するならば自家用車、混雑のリスクを回避するためには電車をすすめるべきだろうし、あるいは最近のユーザの運動不足を考慮して自転車で移動することで運動してもらう、というようなそれぞれの目的に応じて回答を出すことが必要となる可能性もある。だが、人工知能がこのような高度な提案をするためには、人工知能が利用者の日常的な文脈を共有していなけれ

◆1　その場合王子と結婚できなかった可能性があるが、それはあくまでも結果論であり、死のリスクを考えれば毒リンゴを口にしないに越したことはない。

ばいけない。さらに、人工知能がそれを「わかったうえで」言っていることが人間にも理解できていなければならないだろう。また、日常的なコミュニケーションでは、人間の認知能力や時間に限りがあるため、すべての選択肢とその理由を詳細に伝えることは難しく、ベターだと思われる回答を人工知能が選択しなければならない状況もあり得る。そのため、人工知能は、なぜその回答をベターとしたのか、その根拠を人間に適切に説明し納得してもらわなければならない。すなわち、相手の文脈を理解したうえで適切な情報を与える「説得」が必要となる。

このように、より社会的なコミュニケーションを実現するためには、人狼ゲームでプレイヤーに要求される「（良い意図のもとで）だます」、「見破る」、「説得する」能力は、人工知能が獲得すべき重要な能力だと言える。しかしながら、現在の人工知能は、他の人工知能も人間も基本的には真実を述べることを前提にしており、それに対して正しく回答するように構築されている。つまり、現在の人工知能技術では、「他者」ひいては「社会」を認識したうえで活動するための技術が確立されていない。人工知能技術が社会デザインに活用されることへの期待に応えるためには、このような社会的コミュニケーションの実現をはじめとした社会的知能を実現していく必要がある。人狼ゲームというテストベッドを用いることで、人工知能技術がさらに発展していくと期待される◆1。

以上が、人工知能に人狼ゲームをプレイさせる一つ目の理由である。

■二つ目の理由

ちなみに、人工知能に人狼ゲームをプレイさせる二つ目の理由は、本章を書いている筆者の1人に友達が少なく、一緒に人狼をやってくれる人がいないため、せめて人工知能と人狼ゲームをプレイしたいと願ったことである。

◆1 ただし、嘘をついてだます技術の倫理性の問題に関しては別途検討が必要である。インタフェース研究では説得工学（Persuasive Technology）などにおいて、相手の意識に上らせないような情報提示と行動制御が提案されているが、これは倫理性に関する大きな議論を呼んだ。いずれにしても、「人工知能に何がどこまで許されるのか」を検討するためにも、こうしたコミュニケーションの基礎研究は重要である。

以上二つの理由から人狼知能プロジェクトはスタートした。本書では、人狼知能とは何か、人狼知能がもたらす未来とは何かについて、述べていこう。

1.2 これまでのゲーム AI 研究

■コンピュータチェスの発展

上述のように、人狼知能研究の第二の目標は「一緒に人狼ゲームをプレイしてくれる人工知能の実現」であるが、人間どうしが対戦していたボードゲームにおいて、機械にその代わりをさせようという試みの歴史は古い。最も古いものに、チェスを指す機械 El Ajedrecista（エル・アヘドレシスタ）がある。レオナルド・トーレス・ケベードが 1912 年に発明したこの機械は、チェスの盤面を内部機構によって読み取り、終盤のみではあるが、自らチェックメイトにまで手を進めることができた。これは世界初のコンピュータとされる ENIAC が登場する 1946 年よりも 30 年も前につくられており、「世界初のコンピュータゲーム」ともよばれている。世界初のコンピュータができる前に世界初のコンピュータゲームが完成しているという事実からも、いかに人はコンピュータにゲームをやらせることに情熱を燃やしてきたかがわかる[1]。人間とゲームをプレイするコンピュータへのあこがれは、1968 年に公開された「2001 年宇宙の旅」でコンピュータ HAL9000 とデビッド・ボーマン船長がチェスを行っていたシーンにも現れている。その後チェスのプログラムは力をつけ、1997 年に当時のチェスチャンピオンだったガルリ・カスパロフが IBM 製のディープ・ブルーに敗れるまでにいたった。

■コンピュータ将棋・コンピュータ囲碁の発展

チェスと同様に、人間と対戦を行うコンピュータプログラムの作成がさまざまなボードゲームに対して行われている。日本においては、チェスと類似したボードゲームである将棋の研究が盛んに行われてきた。

将棋を指すはじめてのコンピュータプログラムは、1975 年に早稲田大学で

---

[1] 案外、世の中には、友達が少ない人が多いのかもしれない。

開発されたと言われている。しかし、そのレベルはそれほど高くはなく、ある程度の棋力のある人間には歯が立たなかった。それでも、相手がいなくても将棋が指せる、あるいは、良い相手かどうかはともかく、初心者にとっては練習相手となるということもあり、当時のファミコンのソフトとしてリリースされるなどして普及し始め、コンピュータ将棋は徐々に進化していった。

コンピュータ将棋のソフトがある程度多くなってきたところで、将棋ソフトのなかで最も強いのはどれかに関心が集まり、それを確かめるべく1990年に第1回コンピュータ将棋選手権が開かれた。その後、この選手権は毎年行われ、2015年には第25回目の大会が開催されている。

> **コラム　コンピュータ将棋の展開**
>
> 　コンピュータ将棋におけるブレイクスルーは、2006年に優勝した「Bonanza」の登場にあった。機械学習によって過去の棋譜を学習するというアルゴリズムを使っていたBonanzaは、初登場で初優勝を果たし、大きなインパクトを与えた。さらに、そのアルゴリズムが公開され利用が許可されたため、その手法（「ボナンザメソッド」）を利用したBonanzaチルドレンとよばれるアルゴリズムが多数開発された。現在でもコンピュータ将棋ソフトの多くがボナンザメソッドを採用している。
>
> 　Bonanzaは2007年に渡辺明竜王（当時）と平手（駒落ちのない対等の条件）で対戦し、良い勝負をした。これによって、はるか未来だと思われていた「将棋のプロに人工知能が勝利する日」が近づいてきたと言われた。
>
> 　2010年に、情報処理学会は名人にも勝ち得るコンピュータ将棋が開発できたとして、将棋連盟に挑戦状を送りつけた。ここから、コンピュータ将棋とプロ棋士との正式な対戦がスタートする。まず、2010年に清水市代女流王位・女流王将（2010年当時）と4種類のソフトの合議制システムを取った「あから2010」との対戦が行われ、あから2010が勝利した。女流とはいえプロ棋士が人工知能に公式の対戦ではじめて敗れたことになる。なお、このとき筆者は関係者から「早く（当時最も強かった）羽生善治名人（現三冠）と対戦させてくれないとコンピュータが勝ってしまう。プロ棋士がかろうじて勝つ状態で幕引きしたいから、将棋連盟に早く勝負を受けて欲しい」と聞いたことを覚えている。

その後、プロ棋士と人工知能の対戦は電王戦として行われ、2012年には引退した元プロ棋士である米長邦雄日本将棋連盟会長（当時）が「ボンクラーズ」と対戦し敗れた。

　2013年には5人のプロ棋士と5種類の人工知能が対戦を行った。このとき第2戦で佐藤慎一四段（当時）が「ponanza」に敗れ、男子プロ棋士がはじめてコンピュータに敗北を喫したことで大きな話題となった。しかしその直後、船江恒平五段（当時）と三浦弘行八段（当時）も「ツツカナ」、「GPS将棋」にそれぞれ敗れ、プロ棋士が1勝3敗1引き分けと負け越すことになった。とくに、将棋界のトップ10であるA級棋士であった三浦弘行八段（当時）の敗北は、人工知能がトッププロ棋士と同等以上の能力を発揮することを示したと言える。

　2014年にも同様に5人のプロ棋士と5種類の人工知能が対戦し、プロ棋士が1勝4敗と大きく負け越した。2015年の電王戦ではプロ棋士が3勝2敗と勝ち越したが、最終戦での人間の勝ち方は変則的なものであった。この対局では、プロ棋士があらかじめ知っていたソフトがもつ致命的な弱点を突き、その手を打たれたら投了しようと事前に決めていた開発者によって投了が宣言されるという、物議を醸す幕引きとなった。

　男子現役プロ棋士との3回の電王戦を終え、2015年10月に情報処理学会はコンピュータ将棋プロジェクトの終了宣言を行った。これは、統計的に考えて、すでにコンピュータ将棋はトッププロ棋士を追い抜いており、これ以上プロジェクトとして続ける必要がないとの判断からである。羽生名人も「コンピュータ将棋と対戦するのであれば1年の準備期間が欲しい」と述べているように、コンピュータと対戦することはプロ棋士にとって大きな負担となる可能性があり、トップクラスの棋士に負担を掛けることへの配慮という意味での終了宣言でもあったようである。終了宣言がなされたことによって、羽生氏とコンピュータの対戦は実現しないだろうと目されていたが、2016年5月にプロ棋士と将棋ソフトの対局「第2期 電王戦」に出場する棋士を決める予選会「第2期 叡王戦」に羽生氏が出場することが発表された。あくまでも予選会からの参加であるため、羽生氏とコンピュータが対戦するかどうかはまだわからないが、コンピュータ将棋界は大いに盛り上がっているようである。

将棋に関しては2015年に事実上人工知能が人間のプロを超えたと言えるが、将棋やチェスと類似した囲碁では、その探索空間の巨大さから、まだプロが人工知能に対して優位にあると言われていた。しかしながら、2016年2月にはGoogleがディープラーニングを利用したコンピュータ囲碁プログラムAlphaGoによってトッププロであるイ・セドル（九段）に勝ち越すという快挙を成し遂げた。これによって、コンピュータ囲碁においても人工知能が人間を上回ったと言える。

■完全情報ゲームから不完全情報ゲームへ
　前述のようにチェス、将棋といったゲームは完全情報ゲームであり、お互いにお互いの手を完全に把握した状態でゲームが進行する。これらのゲームでは、観測されたゲームの状態が同一であれば、同一の局面であることが保証される。一方で、ゲームのなかには一部の情報が隠された状態で行われるものも存在する。このようなゲームを不完全情報ゲームとよび、完全情報ゲームとは大きく異なる性質をもつ。たとえ観測される情報が同一でも、隠された情報によってゲームの状態が異なることになる。日本においては麻雀などが不完全情報ゲームの代表であるが、世界的にはポーカーの研究が盛んである。2015年には、Heads-up limit hold'em poker（1対1で行われるポーカーの一種）において、最適解が求められたという報告がなされている。この最適解を求める研究を行ったグループは、Polarisというソフトを使って2008年にはすでに一流ポーカープレイヤーに勝利しており、これは不完全情報ゲームにおいても人間よりも強い人工知能が実現され始めたことを意味する。
　ボードゲーム以外のゲームについても、さまざまな人工知能の挑戦が存在している。たとえば、「落ちゲー」とよばれるジャンルのゲームである「ぷよぷよ」をプレイする人工知能が開発され、これを人間と対戦させるイベントなどが行われている。
　また、人工知能によってゲームを解くという問題は、必ずしも対戦ゲームだけに用いられているわけではない。最も有名なビデオゲームの一つである「スーパーマリオ」をプレイするAIを作成するプロジェクトなども存在する。また、2015年にはGoogleがディープラーニングの技術を用いて、Atari2600用の

スペースインベーダーなど49種類のビデオゲームをプレイさせ、そのうちの46種類で人間以上のスコアを出すプレイを実現することに成功している。

このように、将棋やチェス以外でもゲームにおける人工知能は、人工知能の成果を世に示す格好の題材として使われている。

こうしたなか、人狼ゲームは、日本におけるプレイヤーが増加しメジャーなゲームになってきており、プレイ人口が増えるだけでなく、演劇やテレビ放送、動画中継などさまざまな形で世のなかに浸透しつつある。一方で、その不完全情報コミュニケーションゲームという特徴から、従来とは異なる技術をもったAIを実現しなければ、プレイさせることが困難であると考えられ、こうした困難への挑戦がゲームAIの目指すべき方向性の一つとなるだろう。

余談だが、かつてはゲームの研究というと聞こえが悪かったようである。日本におけるゲーム情報学の第一人者であり、人工知能学会会長でもあった松原仁は、ゲーム研究を開始した当初は「ゲームを研究対象にするなど」と批判を受けることも多かったという。しかしながら、それを体系化し「ゲーム情報学」という一つの学問として定めたことにより次第に認められるようになったと語っている。実際、松原らの努力もありゲーム研究は活性化した。現在では、情報処理学会にはエンターテイメントコンピューティング研究会、ゲーム情報学研究会などの組織が存在し、また、人工知能学会誌において2015年に「エンターテイメントにおける人工知能」という特集が組まれるなど、ゲームやエンターテイメントといった産業を対象とした情報学、人工知能学の研究は盛んに行われるようになり、現在では「遊びを研究にするなんて」と批判する人も少なくなっているようである。

1.3 AIのグランドチャレンジとしての人狼知能

前節で紹介したゲーム研究のなかでも、人工知能の技術評価の対象としてとくに注目されてきたのは、チェスや将棋、囲碁である。これらは、人工知能研究における**グランドチャレンジ**とよばれることもある。グランドチャレンジとは、それ自体に（人類にとって）直接的な有益性がなくても、その実現が人々にとってわかりやすい夢であり、大きな技術的な進展につながることが期待さ

れるような目標のことである。その代表的なものとして、アポロ計画がある。アポロ計画では「人間を月に到達させる」という目標を掲げ、アポロ11号の月面着陸によってその目標を達成した。人間が月に降り立ったこと自体は、地上で暮らす私たちにとって直接的な利益をもたらすものではないかもしれない。だが、これを実現したことで、その後の科学技術の進歩に多大な貢献があったことは間違いない。それと同様にチェスや将棋、囲碁を対象とした研究でも、それぞれの人間のチャンピオンを打倒するという目標に対して多くの研究資源が投入されて、とうとうコンピュータがチャンピオンを打ち破ったというニュースは、研究者の間だけでなく一般の人々の間にも伝わった。これはコンピュータのハードウェア・ソフトウェア両面にかかわる技術の改良がなされた結果である。

グランドチャレンジには誰もが合意した定義はないが、以上のような事例からは、以下の要素を含むものがそれにふさわしいと言えるだろう。

- 何を実現するのか、大勢の人にわかりやすい目標が立てられる
- これまでの研究課題とは異なるコンセプトをもって挑戦できる
- 多くの人（研究者）が取り組めるさまざまな課題が含まれている
- 必ずしも直接的な利益を目指すものではない

アポロ計画をはじめ、さまざまな科学技術分野においてグランドチャレンジが打ち立てられてきた。その背景には、長期的な視点から課題を設定することで多くの参画者を募ることができ、解決に必要なアプローチや技術の進歩のための情報共有を促せることがある。つまり、注目を集めやすい一つの課題（わかりやすい目標）を設定することで、それまで別々の課題に取り組んでいた研究者がそれぞれにもっているさまざまなアイデアや技術を集積させる場ができる。そのように科学技術の発展を促す環境を整えることが、グランドチャレンジの一番の意義である。

多くのグランドチャレンジでは、短期間でその最終的な目標を実現できることはなく、長期間、多数の参画者を必要とすることが想定されている。そこで、多くの参画者が継続的に研究を行える環境を整えるために、最終目標の実現に至るまでに必要とされる技術開発の目標となる中間的な課題の提示や議論をす

ることが多々ある。そうすることで、参画者が互いの技術・手法を比較可能となり、参画した研究者や開発者どうしの技術的交流も可能となる。また、競技会を行うことで、そのチャレンジへの関心を集め、多くの参画者を集めることにつながる。グランドチャレンジに限らず、研究開発において、技術の性能を評価して比較可能にすることは重要である。それは、その分野における課題と応用性の共通基盤をつくることにつながり、技術がどこまで発展したのかを理解することに役立つためである。

■人工知能分野におけるグランドチャレンジ

「人狼知能プロジェクト」が主に関係する人工知能の分野では、対象とする環境や課題、技術が非常に多岐にわたる。そのため、各々の研究者・技術者がそれぞれの問題に特化した技術開発を行ってしまうと、たとえば自分の課題ではうまくいくのに、同じような問題でも他の人が定義した問題では何かしらの要因でうまくいかない、といったことが生じる。なぜなら、「人間並みの知能をつくる」というのを目標とする人工知能の研究では、そもそも知能とは何なのかが明確ではないことから「これができれば完成である」といったものがない。そのため、研究者ごとに独自の「知能」を目指し始めてしまうと、その成果を比較することが難しくなり、たとえば重さと長さを比べるような状況になってしまう。人工知能分野における技術の検証において、そのような問題を避けるためにも、グランドチャレンジの存在はとくに意義がある◆1。

これまで行われてきたグランドチャレンジでは、単に難しい問題というだけではなく、それらを解決する技術が、実際の問題へと容易に展開できるような課題が設計・選択されてきた。人工知能研究分野における主なグランドチャレンジには、

- チェス・将棋・囲碁◆2
- 追跡問題◆3

◆1 松原仁,「人間の知能をコンピュータ上に再現する」, 日本バーチャルリアリティ学会, Vol.18, No.3, 2013, pp.168-171 http://journal.vrsj.org/18-3/s24-27.pdf
◆2 チェスや将棋、囲碁などのゲーム研究の歴史は、1.2節を参照。
◆3 追跡問題とは、主に2次元の格子空間上で、逃亡者を複数の逃亡者が捕獲するという問題。追跡者の個々の行動選択と集団での協調をどのように実現するのかが課題となる。

- 囚人のジレンマ◆1
- DARPAの主催するグランドチャレンジ◆2
- ローブナー賞のチューリングテスト◆3
- RoboCup◆4

などがある。1.2節で述べたチェスや将棋・囲碁では、状況の評価、探索の手法の開発と高速化などが技術的なゴールであり、追跡問題では、集団における戦略と戦術の構築、それによる全体ゴールの共有とタスクの分割の効率化が、研究・開発の対象である。そして、RoboCupなどでは、ソフトウェアとしての人工知能技術とロボットというハードウェアを融合することで、より日常的な環境のなかでの活動を前提として、これまでの技術に加え統合的なプラットフォームの実装技術が目標となる。これらの課題に共通することは、開発者や研究者が関心を共有できるような大きな目標が設定されていること、そして共通のフレームワーク上での実装を通じて互いの技術・知見の利点や欠点を比較可能にしていることである。これにより、多くの社会的なリソースを集めることに成功している。筆者らが提案する人狼知能も同様のグランドチャレンジとして広く受け入れられるためには、これらに配慮する必要があるだろう。

■グランドチャレンジとしての人狼知能

それでは、人狼知能はどのようなグランドチャレンジなのかを見てみよう。人狼知能は、これまでの人工知能が無視してきたいくつかの側面を扱っている。まず、人狼ゲームは多人数でプレイするコミュニケーションゲームである。話し合いによって情報をやりとりし、追放するプレイヤーを決める投票という行

◆1 ゲーム理論における一つのゲームであり、合理的な選択を行う主体間の協調の有無をモデル化したもの。主に、メカニズムデザインなどに用いられる。

◆2 アメリカ合衆国の国防高等研究計画局（DARPA）による無人自動車を対象とした競技会。

◆3 ローブナー賞とは、人間に近い会話ができた会話ボットに対して授与される賞。この賞で対象となっているチューリングテストとは、人間との分別不可能性にもとづいたテストであり、審査員が人間と機械とを相手に同時に会話し、両者の区別ができなかった場合に合格とみなすもの。会話ボットには、テキストによるものと、音声によるものとがあり、音声によるチューリングテストに合格するボットが完成したとき、この賞はその役割を終えることとなる。

◆4 RoboCupとは、サッカー、災害救助、家庭支援などを対象としたハードウェア・ソフトウェアエージェントの競技会。1997年より毎年世界大会を開催している。

動を通して他のプレイヤーに自分の意思を示すことで、自陣営の勝利を目指す
ゲームである◆1。

　また、人狼ゲームはチーム戦で行うゲームである。そのため、何も考えなく
ても他の人が適切に行動していれば勝ててしまうこともある。だが、勝ち続け
るためには、プレイヤーどうしがお互いをきちんと認識したうえで協力をしな
ければならない。仮に、他のプレイヤーの発言を聞かず、協力もしないプレイ
ヤーばかりで村が構成されたとしたら、人狼ゲームはランダムにプレイヤーを
排除するゲームでしかなくなる。その場合、意図的に村人を排除できる人狼に
圧倒的に有利なゲームになってしまうだろう。また、各プレイヤーが他のプレ
イヤーの発言を聞いていたとしても、実際に協力を成立させるには、約束を決
めてそれを守ることが必要となる。プレイヤーどうしの常識や価値観が異なる
ような場合はとくに、相手の行動の意図を意識しないで行動してしまっては協
力関係が成立することは期待できない。そのため、合意するという意思表示が
必要となる。

　このように、コミュニケーションを通して協力関係を築くことは、お互いに
ついて自然と得られる情報の少ない村人どうしのやり取りでは重要である。し
かし、それは同時に人狼陣営のプレイヤーにも侵入（嘘をつく）の機会を与え
る。村人どうしが協力関係を適切に築いてしまうと、周りの行動との歩調のず
れなどから人狼役のプレイヤーが透けてくることもある。そこで、人狼役のプ
レイヤーがゲームに勝つためには、村人の振りをして、約束に合わせて協調的
に振る舞いながらも同時に裏切るための準備もしなければならない。このよう
に協調や裏切りを実行するためには、そしてそれを見破るためには、プレイヤー
は他のプレイヤーの振る舞いや表情・プレイヤー間の関係性を観測して、それ
をもとに自身の行動を決める必要がある。同時に、自分自身に関しても、表情
や行動から（真実かどうかはさておき）自身の意図を伝え、ときには嘘を読み
取られないようにしなければならない。

　人狼ゲームを行うプレイヤーには、ここまで説明したような、他のプレイヤー
との**協調行動ができるような知能**はもちろんのこと、より**高度な推論を行える**

◆1　人狼ゲームのルールや特徴などの詳細に関しては第2章を参照。

知能も求められる。とくに人狼ゲームでは、ゲーム内においてプレイヤー間で共有できる「客観的」な情報はほとんどなく（情報非決定性）、基本的には主観的な情報でしかない。そのため、他のゲームプレイヤーの行動や発言を信頼するためには、あるいは他のプレイヤーに自身の発言や行動を信頼してもらうには、「相手の立場に立って」思考し、そのうえでその行為がその状況で妥当であることを理解する必要がある。すなわち、人狼ゲームをプレイするには集団における基本的な社会的行為を行える知性を備えていなければならないと言えるだろう。これは、場合によっては人間どうしのプレイでも発揮できないことがあるほど、高度な知性である[1]。社会的な行為を実現するための技術は、これまでのグランドチャレンジでは周囲との社会的関係が「環境要因」の一つとして極めて限定された条件のもとでモデル化されてきたために、主な課題として詳細な検討や要求はされてこなかった。

以上から、人狼知能を実現するためには「人間と同等の認知メカニズムが内包されていること」が求められるのと同時に、「社会的な行為を行える知能を備えている」必要があるという点で、これまでの人工知能技術の比較・評価を目的とした課題とは一線を画している。この点で、グランドチャレンジにふさわしいものであると言えるだろう。

1.4　ゲーム AI としての人狼知能は何を目指すのか

ここまで、人狼知能プロジェクトのモチベーションと、グランドチャレンジとしての人狼知能の意義についてみてきた。最後に、ゲーム AI としての人狼知能が何を目指すものを整理しておこう。

人狼ゲームはもともとパーティーゲームである。勝負を競うものではあるものの、必ずしも勝つことがすべてではなく、参加者全員が楽しく時間を過ごすことが本来の目的である。そのため、人狼ゲームにめっぽう強いだけのプロフェッショナルが求められているわけではない。第 2 章で紹介するように、人狼ゲームをプレイすることを職業とするプロプレイヤーも存在している。し

---

[1] 筆者は人狼プレイ中に社会的行為を行う知性の発揮に失敗して、仲間から信頼を失うことが多い。そのうち人工知能にも信頼性の面で負けるかもしれない。

かし、彼らの目的は、勝つことというよりも「面白い人狼ゲームのプレイを見せること」、すなわち「魅せる人狼」を演出することにある。したがって、人狼知能には単なる強さだけではなく、一緒にプレイして楽しい、あるいはプレイしているのを見るだけで楽しいゲームを繰り広げることが求められるのである。この点で、将棋 AI や囲碁 AI など、これまでの人工知能が挑んできたゲームとは大きく異なる◆1。

したがって、人狼知能の目的は、人狼ゲームをうまくプレイできるだけでなく、遊んで楽しい、見て楽しいプレイを行うような AI の実現なのである。

これまで述べてきたように、プレイを実現するためには、認知的にも知能的にも高度な技術が必要となる。では、「楽しさ」のほうはどうすれば実現可能だろうか。対戦型ゲームの楽しさの要因について考えてみよう。人はどんなとき、ゲームを楽しいと感じるのだろうか？ その謎を解かなければ、人狼知能が目指すべき姿は明らかにならないだろう。

どのゲームにも、プレイヤーが「楽しい」と感じる局面というものがある。人狼ゲームにおいてはたとえば次のような場面がある。

- プレイヤーが 3 人。隠れている残りの人狼を見つけ出さなければいけない
- 間違えた時点で敗北が決定する

このようなギリギリの最終局面で、見事人狼を探し当てた瞬間などは、人狼ゲームの楽しさの真骨頂だろう。人狼をプレイする AI も、このような楽しい状況を生み出すことが望ましい。

一方で、その局面をつくりさえすれば、ゲームが必ず楽しくなるのだろうか。つまり、その楽しさとはそこに至るまでの経緯を含めたものなのか、あるいは、ある状況には固有の楽しさが伴うと言えるのだろうか。このあたりは、まだわからないことが多い。おそらくは、さまざまなシチュエーションが複雑に絡み合った結果、楽しいと感じられる状況が生まれてくるのだと推測される。したがって、楽しさの要因を正しく評価するためには、さまざまなシチュエーションを発生させてみて、そのなかから楽しいゲームを抽出するという作業が必要

◆1 もちろん、将棋や囲碁にも観戦の面白さはあるが、あくまでもそれは「強さを競うがゆえの面白さ」だろう。

になる。そのために、できる限り多くのプレイヤーどうしで対戦して数多くのゲームを行うことで、さまざまなゲーム状況をつくり出すという方法が考えられる。そうして得られた膨大な量のシチュエーションのなかから多数の「楽しい」状況を見つけることで、その本質を捉えることが可能になるだろう。

　そこでたとえば、それぞれ異なった動きをするような人狼知能をつくり、それらを対戦させて楽しい状況を探し出すという方法も考えられる。しかし、1人の人間がつくれるバリエーションはたかが知れている。

　そこで、「楽しい」ゲームを目指した人狼知能の実現に向けて、さまざまなアルゴリズムが集まるよう、多数のAIを集合知的に開発してはどうだろうか。多くの異なるアイデアをもつプログラマに異なる動作原理をもった人狼知能を構築にしてもらい、人間と対戦を行わせる。そうすれば、人が楽しいと感じる可能性の高い人狼知能を見つけ出すことができるだろう。そのような人狼知能に注目し、そのプレイルールを解析することで、「どのようなプレイが人間に楽しいと思わせるか」を明らかにすることができるのではないだろうか。

　このような考えにもとづいて、本プロジェクトでは多くの人の手によって人狼知能を開発してもらう目的で、

- 人狼知能の開発を支援する人狼知能プラットフォームの構築
- 大会の開催

を行っている。

　大会では、楽しいプレイではなく、まずは「強い人狼知能」を目指すことになる。これは、楽しいプレイを実現するには十分に強い人狼知能の開発が必要不可欠であるためだ。強い人が手を抜いて劇的なシチュエーションをつくることは可能だろうが、弱い人が背伸びして他人を楽しませようとするのは難しいためである。

　大会の開催を通して、多くの人狼知能によって人狼ゲームがプレイされるようになれば、人狼の楽しさの秘密が解明されていくだろう。それによってどのような人狼知能をつくることが求められるのかが明らかになっていくことを期待している。

また、このようにして人が楽しむポイントがわかっていくことは、単に人狼知能の開発に役立つだけではなく、将来的に「人と生活する人工知能との楽しいコミュニケーション」の実現につながるのではないだろうか。もしかしたら、人と生活するうえでコミュニケーションの楽しさなどは必要ないと考える方もいるかもしれない。だが、考えてみてほしい。常に正論しか言わないくそまじめな猫型ロボットが小学生相手に説教している様子を。あるいは、筋肉隆々の元カリフォルニア知事にそっくりなサングラスをかけたロボットが、あなたの隣でぶっきらぼうに命令している様子を◆1。

人狼知能が実現しなければならない、相手の意図をくみ取る能力、自分の意思を的確に伝え説得する能力、そして楽しいコミュニケーションは、将来人工知能と人が良い関係を築き上げるためにも必要な技術であると言える。

これこそが、人狼知能プロジェクトが最終的に目指している究極の目的であると言えよう。

■ **本章のまとめ**

- 人狼ゲームとは不完全情報コミュニケーションゲームである。
- 過去のゲーム AI は完全情報ゲームを中心に開発されており、不完全情報ゲームを対象とした例は少なく、人狼知能はこれまでにないゲーム AI にチャレンジしている。
- 人狼知能はグランドチャレンジである。
- 人狼知能のポイントは、勝ち負けよりも「楽しさ」を追求することにある。

◆1 こんな世界が実現したら、いつロボットに殺されるかとおびえながら暮らすことになってしまいかねない。

第2章 人狼ゲーム概説

　「恐ろしい夜がやってきた。この村には、人間の姿に化けられる人喰い人狼が潜んでいる。人狼は人間と同じ姿をしており、昼間には区別がつかず、夜になると村人たちを1人ずつ襲っていく。村人たちは疑心暗鬼になりながら、話し合いによって人狼と思われる人物を1人ずつ処刑していくことにした……。」

　上記が人狼ゲームの基本的なバックグラウンドストーリーである。本章では人狼ゲームの概要として人狼ゲームの流れとその構成要素を紹介し、基本的な戦略・行動についても併せて説明する。なお、本章での人狼ゲームの説明は、基本的に、プレイヤーどうしが互いの顔を見て行う状況でのゲーム（＝対面人狼）を想定している。なお、人狼ゲームに詳しい読者は本章を読み飛ばしてもらってもかまわないが、人狼知能について理解を深めるためには、本章である程度人狼ゲームのシチュエーションについてイメージをもっておいたほうがよいかもしれない。

2.1 人狼ゲームの流れ

■ 役職の決定

人狼ゲームは、10数人のプレイヤーによって行われるパーティーゲームである。ゲームのスタート時に各プレイヤーには役職が振り分けられる。対面人狼であれば、役職が書かれたカードが配られ、他の人に見られないようにこっそりとカードを確認することからゲームがスタートする（図2.1）。

役職ごとに陣営が決められており、プレイヤーは村人陣営と人狼陣営に分かれてプレイを行う。村人陣営はすべての人狼を追放することを目指し、人狼陣営は村人陣営のプレイヤーを襲撃することで数を減らしていく。最終的に以下の勝利条件を満たした陣営が勝利となる。

- 村人陣営の勝利条件：人狼をすべて追放する
- 人狼陣営の勝利条件：村人の数を人狼の数以下にする

村人陣営のプレイヤーの役職は本人のみに知らされ、他のプレイヤーはどのプレイヤーが村人陣営なのかを知ることはできない。そのため、村人陣営になっ

図2.1 役職の決定

たプレイヤーは「誰が人狼陣営のプレイヤーなのか」を対話によって探っていくことになる。村人陣営の勝利条件は「人狼をすべて追放する」ことであるため、議論によって人狼を見つけ出し、そのプレイヤーに投票し追放していくことで勝利を目指す。

　一方、人狼となったプレイヤーは、まず全員で目をつぶり、人狼プレイヤーだけが目を開けてお互いを確認するといった方法で、誰が人狼プレイヤーなのかを知ることができる。人狼たちは誰が仲間かわかった状態で、自分が人狼であることがバレないように、協力しながらこっそりと村人陣営のプレイヤーを襲撃や追放によって減らしていくことになる。人狼陣営の勝利条件は「村人の数を人狼の数以下にすること」であるため、人狼は村人陣営の人数を減らしていくことで勝利を目指す。このように人狼ゲームは、村人陣営にとっては「誰が人狼かを探すゲーム」であり、人狼陣営にとっては「自分が人狼だとバレないようにするゲーム」であると言える。

■ゲームの進行：昼のフェーズと夜のフェーズ

　ゲームは昼と夜の二つのフェーズで進行する。

　昼のフェーズでは各プレイヤーが自由に対話を行う。そこで何を話すかには、基本的には制限はない。プレイヤーは、対話から得られた情報をもとに、他のプレイヤーのなかから一名を選択し、全員の投票によってゲームから追放するプレイヤーを決定する◆1。そのため、対話の主な内容は「誰を追放するか」を決定するための議論となる。村人陣営の勝利条件は人狼をすべて追放することであるため、追放すべき対象は人狼である。一方、人狼は自分が追放されないように議論をうまく誘導し、村人陣営のプレイヤーが追放されるように仕向ける。ゲーム中で人狼陣営は常に少数派である（多数派になった時点で人狼陣営の勝利が確定する）ため、人狼は村人として人狼を探す振りをしながらうまく議論を誘導しなければいけない（図 2.2）。

　夜のフェーズでは、全員が目を閉じるなどして他のプレイヤーの動きを見ないようにし、プレイヤー間での情報伝達を遮断した状態で進める。その状況下で、プレイヤーとは別に参加するゲームマスター（進行役）の指示に従って、

◆1　追放されたプレイヤーはそれ以降ゲームに参加することはできない。

図 2.2 昼のフェーズの議論

指定された役職をもつプレイヤーがそれぞれの役職に応じた能力を発揮する。

人狼であるプレイヤーは、ゲームマスターの指示のもと人狼どうしで（目線や指さしなどで）襲撃対象を確認しあい、1人のプレイヤーを指定して襲撃を行うことができる。後述するように、襲撃が失敗した場合を除いて、襲撃されたプレイヤーはゲームから排除される。

また、夜のフェーズにはそれ以外にも役職によってさまざまな行動を行うことが可能である。役職によっては他のプレイヤーの知らない情報を得たり、村人陣営に有利となるような行動をとったりすることが可能である。

2.2 勝利条件

すでに述べたように、以下が人狼ゲームの基本的な勝利条件である[1]。

・村人陣営：人狼をすべて追放する
・人狼陣営：人狼と村人の数を同じにする

---

[1] ゲームによっては第三陣営として、「妖狐」や「ハムスター」などがいる場合があり、それぞれ勝利条件が異なるが、人狼知能大会では扱っていないため、ここでは割愛する．

村人陣営は、すべての人狼を村から追放しなければならない。人狼を追放するには投票による追放しかないため、昼のフェーズの投票が人狼に対抗する唯一の手段となる。

　人狼陣営は襲撃と追放の二つを使って村人陣営のプレイヤーを減らしていく。その点では村人より有利であるが、もともとの人数が少ないこと、そして特殊な能力をもつ村人陣営のプレイヤーがいることで、両陣営のバランスが取られている。

2.3　人狼ゲームにおける役職とその役割、戦略

　昼のフェーズで議論を行うにあたり、まったくヒントがない状態では人狼を見つけることはあまりにも困難である。そのため、通常はなんらかの能力をもった役職が導入される。この能力によって人狼を見つけやすくなったり、逆に見つけにくくなったりする。どのような役職があるかはゲームセットによって異なるが、どのゲームセットにも概ね存在する役職を紹介しよう。

■ 占い師[◆1]

　この役職は、夜のフェーズで1人のプレイヤーを指定してそのプレイヤーが人狼か否かをゲームマスターから教えてもらうことができる。このプレイヤーは他のプレイヤーの情報を正確に知ることができるため、村人陣営にとって極めて強力な武器となる。ただし、教えてもらえるのは人狼かどうかだけであり、役職まではわからない。また、後述する裏切り者（人狼陣営の役職）に対しては「人狼ではない」という結果が得られるため、注意が必要である。

■ 霊媒師、あるいは霊能者

　この役職は夜のフェーズで「昼のフェーズで追放したプレイヤーが人狼か否か」をゲームマスターから教えてもらうことができる。ただし、教えてもらえるのは人狼かどうかだけであり、役職まではわからない。また、この場合も裏切り者に対しては「人狼ではない」という結果が得られる。

◆1 「予言者」とよばれることもある。

■ 狩人、あるいはボディーガード◆1

この役職は夜のフェーズで1人のプレイヤーを指定して守ることができる。守られているプレイヤーは、同じ夜のフェーズで人狼によって襲撃された場合でも、ゲームから追放されず、襲撃失敗となる。

■ 裏切り者◆2

この役職はとくに特殊な能力はもっていないが、人狼陣営に属するプレイヤーである。そのため、このプレイヤーは人狼が勝利するようにプレイを行う必要がある。ただし、この役職のプレイヤーは誰が人狼かを知らないため、まずは人狼であるプレイヤーを探し出し、さらにそのプレイヤーたちの勝利に貢献するようにプレイする必要がある。

上記4種類の役職は、だいたいどのゲームセットにも含まれている基本的な役職である。それ以外にも「共有者」とよばれる「お互いが共有者であることを知っているペア」や、村人陣営でも人狼陣営でもない第三陣営としてプレイする「妖狐」、あるいは「ハムスター」とよばれる役職などが存在する。

さらに、ゲームセットによっては、占い師に判定されたときになぜか人狼と判定されてしまう「毛深い人」、追放する人を独断で決められる「王様」などといった特殊な役職も存在する。それぞれ個性的な役職が用意されており、こうしたバリエーションの多さが、パーティーゲームとしての普及に一役買っている。

なお、筆者が個人的に一番気に入っている役職は、「ワー！ワーウルフ」◆3というゲームセットに含まれている「犬」という役職である。この役職を引いたプレイヤーはゲーム中「ワン」としか発言できないという制約を受ける。あまりにもバカバカしい役職であるが、ゲームの開始時に誰かが「ワン」と言いだした瞬間の面白さはプレイしてみないと伝わらないだろう。

2.3.1 基本的なプレイ

通常人狼ゲームは10人程度で行われ、そのうち2、3名が人狼陣営となり、残りが村人陣営となる。数としては圧倒的に村人陣営が有利であるが、情報量

◆1 「騎士」とよばれることもある。
◆2 「狂人」とよばれることもある。
◆3 「ワー！ワーウルフ」（カードゲーム），リトルフューチャー．http://littlefuture.jp/archives/1228

の面からは人狼陣営が有利である。そのため、村人陣営は情報をいかにうまく入手するかが重要であり、人狼陣営はいかに情報を与えずに村人陣営を混乱させるかが重要となる。

昼の議論において、村人陣営に所属するプレイヤーは人狼の嘘を見破ることができるかが最大のポイントとなる。また、能力をもつ役職についたプレイヤーは、能力によって知り得た情報を使って他のプレイヤーを説得することがポイントとなる。一方、人狼陣営のプレイヤーは自分たちが不利にならないように議論を誘導し、ときには能力をもった役職であると偽り、議論を間違った方向へ誘導する。

さきに述べたように、村人陣営には人狼を発見できる「占い師」という強力な役職がある。極端に言えば、占い師がすべての人狼を探し当ててその人狼を投票で追放すれば村人陣営が簡単に勝利できる。一方、人狼陣営にとって占い師は脅威となるため、夜のフェーズで襲撃を行うか、昼のフェーズで追放してしまいたい。あるいは、人狼自身が「自分は占い師である」と嘘をつくことで、ある程度占い師を無力化することもできる。占い師が2人出てきた場合、村人陣営にはどちらが本物の占い師かわからない。そのため、議論はどちらが本物の占い師かを話すことに費やされたりする。ただし、偽者の占い師に人狼だと指摘された村人陣営のプレイヤーがいれば、そのプレイヤーは自分を人狼だと言ってきた占い師が偽者であることがわかる。これはすなわち、そのプレイヤーは他のプレイヤーよりも多く情報をもつことを意味する。いずれにせよ、他のプレイヤーにとっては「占い師に見つかった人狼」なのか「偽占い師に人狼指定された村人陣営のプレイヤー」なのかは区別がつかないため、やはり議論や説得によって本物を探し出していかなければいけない。

また、人狼は仲間どうしを知っているため、追放者を決める投票において仲間をかばうことが多い。そのため、他のプレイヤーの投票先を覚えておくことで人狼をあぶり出すといったことも基本的なプレイ戦略となる。

2.3.2 各陣営からみた人狼ゲーム

人狼陣営のプレイヤーは自分が人狼陣営であることを見破られないようにプレイするため、「人狼ゲームは上手に嘘をつくゲームである」と言われること

が多い。しかし実際には多くのプレイヤーは村人陣営に所属するため、嘘をつくのではなく「**人狼の嘘を見抜く**」ゲームと考えたほうがよい。

また、多くの場合人狼陣営は特定の役職であると嘘をつくことが多いが、本当の役職をもっているプレイヤーは嘘をついている人狼陣営に負けないように村人陣営の信頼を得なければならない。つまり、「**自分が本物であると説得するゲーム**」でもあると言える。

2.3.3　人狼ゲームにおけるプレイヤーの基本戦略
■**村人陣営の基本戦略**

村人陣営で役職をもつプレイヤーは占い師、霊媒師、狩人である。

このうち、占い師にはできるだけ早く人狼を見つけ出すことが求められる。しかし、占い師であることが人狼陣営に発覚すれば襲撃の対象となるため、そのことは隠しておくことも多い。また、人狼陣営のプレイヤー（人狼または裏切り者）が「自分が占い師である」と嘘をつくことがあり、その場合は自分が本物であることを説得し、他のプレイヤーの信頼を勝ち取ることが必要となる。

霊媒師は、追放されたプレイヤーが人狼であるかどうかを判断できるが、能動的なアクションを起こせる役職ではない。そのため、多くの場合には、人狼が追放されたときにはじめて名乗り出てその事実を告げることになる。ただし、人狼陣営のプレイヤーが霊媒師を騙った場合は、対抗して名乗り出る必要があることもある。

狩人は他のプレイヤーを襲撃から守ることができる重要な役職であるが、自分自身を守ることはできないため、自ら狩人であることを名乗ることは少ない。狩人にとっては、狩人であるとバレないように占い師や霊媒師を守ることが重要である。また、襲撃から誰かを守った場合、守られたプレイヤーが人間陣営であることがわかるため、他のプレイヤーよりも情報が多くなる場合もある。その場合は、得られた情報を使って議論をうまく誘導する必要がある。

■**村人陣営の特殊能力無しプレイヤーの基本戦略**

村人陣営の基本戦略は人狼陣営の嘘を見抜くことにある。

人狼を探し出すには占い師と霊媒師による情報が重要である。しかしながら、

多くの場合人狼陣営のプレイヤーが偽の占い師および霊媒師として名乗り出る（以下 CO：Coming Out[*1]する）ため、誰が真の占い師、霊媒師であるかを見抜くことが必要となる。

たとえば、二人のプレイヤー A と B が占い師と名乗り出たとしよう。このとき、プレイヤー A が村人であるプレイヤー C を「人狼である」と指摘した場合、プレイヤー C からはプレイヤー A が嘘をついていることがわかる。したがって、プレイヤー C から見たときに、プレイヤー A は人狼陣営に所属していることがわかる。このような情報を積み重ねていくことによって、各プレイヤーは誰が人狼かを絞り込んでいく（図 2.3）。

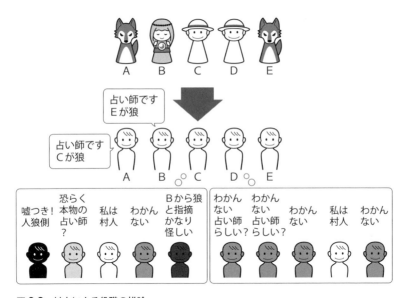

図 2.3　村人による役職の推論

また、人狼 BBS[*2] などでは、村人陣営では占い師や霊媒師がどのタイミングで CO するかを全員の相談であらかじめ決めておき、人狼陣営のプレイヤーが村人陣営のプレイヤーをだます要素が少なくなるようにプレイすることもある。

◆1　自らの役職を名乗り出ることを人狼ゲームでは Coming Out：CO すると言う。
◆2　Web 上で行われる人狼ゲームの一種。詳しくは次節参照。

いずれにせよ、能力のない村人になったらあまり活躍できないかと言えば、そんなことはない。逆に、能力をいかに使うかに気を遣う必要がないため、本物と偽者を見抜くために全力を注ぐことができるのである。

■人狼陣営のプレイヤーの基本戦略

人狼陣営の基本戦略は、村人陣営をだまして人狼陣営のプレイヤーが追放されないように議論を誘導することにある。

人狼陣営のプレイヤーは基本的に、村人陣営にいるように振る舞う。ただし、占い師の情報によって正体が暴かれる危険があるため、占い師を見抜いて襲撃したり、占い結果を他のプレイヤーが信じないよう議論を誘導したりする必要がある。

そこで、多くの場合、複数いる人狼陣営のプレイヤーのうち何人かが占い師や霊媒師であると名乗り出る戦略（騙り）を採用する。このとき、人狼BBSでは人狼どうしで話し合って決めることが多いが、裏切り者は話し合いに参加できないため勝手に名乗り出ることになる。そのため、人狼陣営にも裏切り者の騙りを待つかどうかといった駆け引きが発生する。一方、対面人狼の場合は人狼どうしの話し合いができないため、各自がお互いの様子を見ながら役職を名乗り出ることになる◆1。

人狼が占い師を騙った場合、人狼は誰が人狼かを知っているので常に正しい占いを行うことができるため、疑われづらい。一方、裏切り者が占い師を騙った場合は誰がどの役職かはわからないため、間違った占いを行ってしまう可能性もある。ただ、それによって裏切り者であることがバレて追放されても、村人が1人減る結果となるにすぎず、人狼陣営の勝利に貢献することにはなる。

2.4　人狼ゲームにおけるセオリー

人狼ゲームには、主に人狼陣営、および役職つきの村人のプレイ方法に関してセオリー（定石）とよばれるものがある。本節では、さまざまなプレイヤー

◆1　まれに人狼が同時に同じ役職として名乗り出てしまい、占い師と名乗るプレイヤーだらけになることもある。筆者は、占い師が4人出てきたゲームに出くわしたことがある。

の経験によって発見された代表的なセオリーを紹介することで、人狼ゲームにおける経験の重要性を見ていこう。

■**人狼陣営のCOのセオリー**

人狼陣営は、何もしなければ占い師に占われて追放されていくだけである。そのため、通常なんらかの役職を騙ることが基本戦略となる。このとき、2～3人いる人狼のうち、1人は役職無しの振りをして残りが占い師または霊媒師を名乗ることが多い。また、裏切り者も人狼を助けるためになんらかの役職を騙るのがよいとされている。

人狼3人＋裏切り者1人の場合、1～2人の人狼と裏切り者が偽の役職を名乗り出ることが多い。そのため、自称占い師が2～3人、霊媒師が2～3人になる。このときもし占い師が4人などとなってしまうと、そのなかに人狼が2～3人、裏切り者が0～1人混じっていることが確定する（図2.4）。こうなると人狼陣営としてはほとんどの人狼の居場所が村人陣営にバレてしま

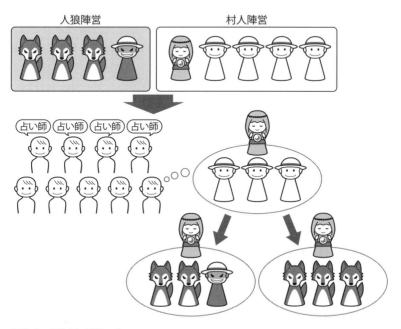

図 **2.4**　自称占い師が4人

い、非常に不利になるため、そのようなプレイはあまり見られない。

　人狼陣営には狩人を騙るという選択肢もあるが、一般的には狩人はあまりCOしないため、役職無しと宣言した場合と変わらないことが多い。そのため、裏切り者が狩人を騙ろうとした場合、結果として裏切り者は何もCOしないことになる。そのため、人狼達からは裏切り者が何もしていないように見える。人狼にとって裏切り者は味方であるため、その味方が誰かわからず、しかも何もしていないように見えるのは人狼陣営にとっては不利になることが多い。ただし、うまくハマったときには村人から信頼を得られ、絶大な効果を発揮することもある。

　なお、人狼の基本戦略は騙ることであるが、逆に誰も名乗り出ないこともあり、その状況を全潜伏という。全潜伏の状況において、人狼が見つかる前に狩人と占い師を襲撃できれば、人狼が誰かというヒントがほとんどなくなるため、人狼陣営に非常に有利となる。

■パワープレイ（PP）

　人狼陣営にとって、人狼以外のプレイヤーを人狼と同じ数に減らせば勝利となるが、裏切り者が混じっている場合、裏切り者と協力すれば必ず村人陣営を追放して勝利できる場合が存在する。たとえば、人狼2人、裏切り者1人、村人2人だった場合、人狼と裏切り者が協力して村人を1人追放すれば人狼陣営の勝利となる。このような場合、人狼があえてCOすることによって、裏切り者に協力を要請することがある。このようなプレイを**パワープレイ（PP）**とよぶ（図2.5）。

　パワープレイが成立した場合、COした人狼と裏切り者は共謀して村人を追放することができる。人狼陣営にとっては最も気持ちのよい勝ち方だろう。

　ただし、PP状態になっても村人陣営にも勝つチャンスがまったくないわけではない。村人陣営が人狼としてCOすることによって、裏切り者にどちらが人狼なのかわからなくさせることが可能である。したがって、裏切り者以外の4人が人狼としてCOをするという通常のプレイではあり得ない状況が発生することがまれにある。こうなると裏切り者のプレイヤーもどうプレイするのが最適かわからず混乱し、村人の味方をするようなプレイをしてしまうこともあ

図 2.5　パワープレイ

図 2.6　パワープレイに対抗する村人

る。これは、将棋で言えば入玉のような状態であり、ゲームが盛り上がることも多い（図 2.6）。

■ 占い師のセオリー

　占い師は村人陣営で唯一、生きている人狼を発見する能力をもつ。そのため、その情報はとても重要である。だからこそ逆に、人狼陣営も占い師の振りをして村人陣営を混乱させようとする。そこで、村人陣営は人狼陣営の妨害に負けないように占い師を活用しなければならない。

　占いの信頼性向上のための方法に「統一占い」がある。統一占いでは、COしたすべての占い師が同一の対象を占う（人狼や裏切り者がなりすました偽の占い師は、占ったことにする）。これによって、すべての占い師が村人判定をすれば、そのプレイヤーは確実に村人陣営であることが保証される（確白＝確定白とよばれる。「白」は人狼ではないことを意味する）。さらに、意見が割れれば[1] それがヒントとなり、本物の占い師を確定できる可能性もある。たとえば、当該プレイヤーを追放して霊媒師が結果を確認すれば、どちらの占い師が本物か判明する可能性が高い。

　また、占い師が二人いる場合に、お互いを占う「相互占い」とよばれるセオリーがある。このとき必ずどちらか 1 人は偽者だが、「相互占い」により、その偽者が人狼なのか裏切り者なのかをあぶり出すことができる。もし相互占いの結果が両方人狼でなければ、偽者は裏切り者であることが確定する。両方が人狼と判定されれば、もちろんどちらかは人狼であることが確定する。片方だけ人狼と判定されれば、判定されたほうが本当に人狼である場合と、判定されたほうは本物で判定したほうが裏切り者である場合のどちらかであることになる。いずれにせよなんらかの情報が村人に提供されることとなる。この相互占いを行うべきかどうかは、通常の村人より重要性の高い占い師についての情報にどれくらい価値を置くかによる。信頼できる占い師をはっきりさせるべきか、どうせどちらかが偽者であるのがわかっているのだから貴重な占いをそこに使わないほうがよいのか、意見が分かれるところである。

---

[1] このような状態をパンダ（白黒であるから）とよぶ。

■霊媒師のセオリー

　基本的に能動的に行動することはない霊媒師については、セオリーはあまり存在しない。唯一あるのが、「潜伏白」というセオリーである。通常、霊媒師は自分が霊媒師であることを名乗ってから、一日前に追放された人が人狼であったか否かを述べることになる。一方で、霊媒師を名乗り出ることで人狼に襲撃される可能性は増えるため、「前日追放した人が人狼だったら名乗り出る」というルールをプレイヤーどうしで合意しておくことで、名乗り出ずに前日の追放者が人狼ではなかったことを知らせることが可能である。

　霊媒師が最も活躍するタイミングは、2人の占い師によって「人狼である」、「人狼ではない」と意見が分かれたプレイヤーを追放した次の日である。ここで、人狼かどうかを判定すれば、占い師のどちらが偽者か判明し、村人陣営にとって有利となる。

■追放のセオリー

　最も基本的な追放のセオリーとして、「グレイランダム」と「両吊り」[1]がある。まず、グレイランダムはグレランなどともよばれ、グレイ（白とも黒とも判断できない人）をランダムに追放する方法である。一般的には、役職を名乗り出ていない、かつ占い師によって占われていない人を各プレイヤーが適当に選び、多数決による追放を行うことが多い。これは、占い師が複数出て、真偽の判断がつかない序盤に使われることが多い。まだ名乗り出ていない役職を追放してしまう危険性があるものの、情報源として貴重な占い師や占われたプレイヤーを残しておくことができるため、日がたつにつれ情報が増え、村人陣営に有利な状況がつくれる可能性がある方法である。

　一方、両吊りはグレランの逆である。これは、複数のプレイヤーが同じ役職をCOしたとき、そのうち1人以外は偽者であることから、真の役職を追放することを前提にすべての特定の役職をCOしたプレイヤーを追放する方法である。これによって少なくとも1人は人狼陣営のプレイヤーを追放できるため、パワープレイを防ぐことができる。たとえば、占い師が3人、霊媒師が2人名乗り出た場合は、そのなかに人狼・裏切り者のうち少なくとも3人

◆1　ローラーとも言う。

が含まれているため、全員追放する価値があると考えられる。

　以上、人狼・村人両陣営の代表的なセオリーを見てきた。このようなセオリーは人狼知能を構築するうえでも重要となる。人間がそうであるように、ある程度セオリーに従った行動をすることをプレイヤーは人狼知能にも期待するだろう。少なくとも、一連のセオリーを理解していなければ、他のプレイヤーと連携をとることが難しくなる。

　たとえば、パワープレイを行おうとして人狼プレイヤーが CO したにもかかわらず、裏切り者のプレイヤーがその意図を理解できずに同調しなければ、人狼陣営が負けてしまうだろう。したがって、人狼知能は一般的なセオリーについては一通り理解していることが期待される。

2.5　人狼ゲームの広がり

　人狼ゲームは単なるゲームとしてだけではなく、さまざまな方面に展開されている。ここでは、少し視点を変えて人狼ゲームの成り立ち、そしてその発展について紹介しよう。

2.5.1　人狼ゲームの歴史

　人狼ゲームは、アメリカのゲームメーカー Loony Labs. が 2001 年に発売したパーティーゲーム「汝は人狼なりや？」[1] およびその派生ゲームの総称である。多数の類似ゲームが世界中で市販され、世界中で販売、プレイされている。日本においても「タブラの狼」[2] や「うそつき人狼」[3] など多数のゲームが販売されている。人狼をプレイする方法としては、前述したような市販のカードなどを使ってテーブルを囲んで行う対面型と、電子掲示板などの Web 上のアプリケーションを使って行うオンライン型が存在する。

◆1　「汝は人狼なりや？」（カードゲーム），Loony Labs., 2001.
◆2　「タブラの狼」（カードゲーム），daVinci, 2002.
◆3　「うそつき人狼」（カードゲーム），株式会社人狼, 2013.

2.5.2 オンライン型人狼ゲーム（短期人狼・BBS人狼）

　日本におけるオンライン上の人狼には、短期人狼（チャット人狼、CGI人狼）と、電子掲示板で行われる長期人狼（BBS人狼）がある。カードゲーム型人狼を模したチャット人狼は議論が行われる「昼」の時間と、占いや襲撃など能力が使用される「夜」の区別があり、「昼」の議論時間は数分である。一方、長期人狼は日本独自の発展を遂げた人狼ゲームであり、昼の議論のみでゲームが行われるものが多い。夜の行動はシステムが自動的に行うため、襲撃先や占い先などは昼の間に各プレイヤーがあらかじめ決めておくことになる。昼の議論は24時間行われることから、長期人狼とよばれる。

　インターネット上で行われる人狼について、日本で最も記録が古いと思われるものは、2003年に誕生したチャット形式の「汝は人狼なりや？」である[1]。この形式の人狼はオンライン上で行われるCGI型とよばれるようになった。CGI型の人狼は主に匿名掲示板から参加者を集める形で発展している。CGI型の人狼はカードゲーム型の人狼をそのままオンライン上に模しており、カードゲームにおける「昼」でのプレイヤーどうしの議論と、人狼が襲撃先を決める「夜」をチャット上で再現し人狼を行う。

　CGI型に近い形式として、ヤフージャパンでは、Yahoo!ゲームにおいてWebゲームとして人狼ゲームのサービス[2]を2014年秋から提供し始めた。このゲームは、対面型の人狼ゲームをWebゲームとして実装したものであり、最大18人のプレイヤーが人狼ゲームを行うROOMに入り、プレイヤーの人数に応じて一定時間に制限された昼と夜のチャット時間を通して投票などの行動を決定する。そのため、一定人数が参加しなければゲームが始まらないこともある。このようなゲームにおいては、場の盛り上がりがリピート率に影響を与えるため、人狼知能プログラムのような仮想アバターすなわち人狼知能が有効に利用される余地が大いにある。

　一方BBS型の人狼は、カードゲーム型の人狼と類似しているが、インターネット上の掲示板の特色を生かし、昼の間に人狼どうしが秘密の会話を行えるような仕組みを加えている。日本におけるBBS型の人狼のうち、最も盛ん

◆1　「「汝は人狼なりや？」と小一時間問い詰めたい。」（2003）
　　http://web.archive.org/web/20031123075546/http://park1.wakwak.com/~aa1/okami/.
◆2　「人狼 Online」（2014）http://jinrou-online.com/

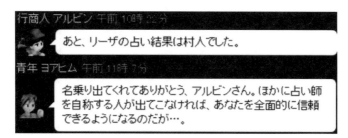

図 2.7　人狼 BBS における占い師 CO のシーン

プレイが行われているサービスの一つが前述の人狼 BBS（図 2.7）[*1]である。人狼 BBS ではこれまでに 4,000 回以上のゲームが行われており、大量のログが蓄積されている。

2.5.3　対面人狼

　カードなどを用いて、10 人程度の人がテーブルを囲んで行うのが対面人狼とよばれる一般的な人狼のスタイルである。種類によって、さまざまな特殊な役職やルールが用意されており、楽しめるような工夫がされている。なかには、「究極の人狼」[*2]のように最大 74 人で楽しめるものや、「人狼系なりきり推理ゲームダンガンロンパ 1・2 超高校級の人狼」[*3]などゲームやアニメとコラボレーションされたものも用意されている。

　対面人狼では、論理的な議論ももちろんのこと、「とくに理由はよくわからないがなんか怪しい」といった、しぐさや身振り手振りなど、ノンバーバル（非言語的）な情報も重要視される。たとえば、自分が人狼で 3 人が残り、論理的な破綻が露見しかけていても、全身のジェスチャーで否定し、別の可能性を匂わせることで、自分を人狼だと強く思っていた人が、土壇場で判断を変えるのもよくあることであり、そこが対面人狼の面白いところでもある。BBS 人狼は、ロジックがすべてのところがあり、論理的な思考と説明ができるプレイ

◆1　「人狼 BBS」（ブラウザゲーム）http://ninjinix.com/
◆2　「究極の人狼　第 2 版　完全日本語版」（カードゲーム），アークライト．
　　http://www.arclight.co.jp/ag/index.php?page=products&code=LG-0015
◆3　「人狼系なりきり推理ゲームダンガンロンパ 1・2 超高校級の人狼」（カードゲーム），株式会社アルジャーノン．http://www.algernonproduct.co.jp/werewolf/dr1_2.htm

ヤーはおしなべて強いプレイヤーとなる。ところが、BBS 人狼で強いプレイヤーが対面でやると、いかに論理的に正しい判断を重ねても勝てないことがしばしばある。それを単に「運が悪かった」で済ませるプレイヤーもいるが、感情面やノンバーバル情報の要素も確実に作用しているだろう。その駆け引きを楽しめるのも、対面人狼の大きな特徴であると言える。

2.5.4 エンターテイメントとしての「魅せる人狼」

オンライン型人狼や、対面人狼などゲームとしての人狼以外にも、人狼ゲームをプレイしている様子を見て楽しむ「魅せる人狼」も存在する。

■人狼をベースとした演劇の演出

魅せる人狼のなかで最も有名なものの一つに、人狼を使った舞台、人狼 TLPT[1] がある。人狼 TLPT とは、人狼ザ・ライブ・プレイング・シアター (The Live Playing Theater) の略で、ステージ上で 13 人の役者がアドリブ演技を繰り広げながら人狼をプレイし、それをエンターテイメントとして披露する人狼ゲームのスペシャリスト集団である。この役者たちは舞台上で村人を演じながら人狼をプレイし、筋書きのないドラマを毎回アドリブでつくり上げていく。彼らはまさに「魅せる人狼」というジャンルをつくり上げた存在である。純粋な演劇でもなく、また単なる人狼ゲームの鑑賞とも違う、まったく新しい形のエンターテイメントになっている。普通の舞台と違うのは、すべてアドリブで毎回ストーリーもエンディングも変わるため、公演内容のネタバレは許可されている点であり、公演中も Twitter 等で実況してもよいことになっている。観客もまた、一緒に誰が人狼かを予想することができる。演者と一体となって狼探しをすることで、客席も村の一員という雰囲気をつくっている。

人狼 TLPT は、2012 年から始まっており、出演者は現時点でのべ 176 名を数え、これまでに数多くの公演が行われている。一部の公演はニコニコ動画で有料にて視聴が可能になっているので、ぜひ一度観てほしい。また、役者による舞台だけではなく、将棋棋士との対戦や、ゲームクリエータとの対戦なども行っており、その様子も公開されている。

◆1 「人狼ザ・ライブプレイングシアター」 http://7th-castle.com/jinrou/

■人狼のテレビ番組と動画

　2013年は人狼のブームになったが、その先駆けの存在として、テレビ番組『人狼〜嘘つきは誰だ？〜』（フジテレビ系）[1]の影響が大きい。この番組では、芸能人が毎回アドリブでしのぎを削り、面白い対戦をつくり上げていく。番組のセットや、ルール設定、編集の素晴らしさに加え、芸能人の対話や反応も大きな魅力となっている。こちらも魅せる人狼を意識した、興味深い試みの一つであると言える。

　また、ニコニコ生中継で有名人による人狼プレイの様子を放送するものも多く存在する。とくに、将棋の棋士や麻雀のプロが人狼を行うアルティメット人狼、スリアロ村、実況者人狼などは人気がある。

　このように、人狼ゲームはさまざまな方面への多彩な広がりを見せている。このことは、実際に人狼をプレイする人以外にも、潜在的なプレイヤーや、ゲームプレイを見て楽しむ多くの人々がいることを意味している。こうしたことからも、人狼ゲームがもはや単なる一カードゲームではなく、一つの文化となっていることがうかがえる。

　これまでAI研究が挑んできた囲碁や将棋は、すでに文化のなかに深く根付いたゲームであった。人狼も、囲碁・将棋に比べると歴史の浅いとはいえ、徐々に文化としての広がりを見せつつある。その意味でも、AI研究の次の目標としてふさわしいと言えるのではないだろうか。

◆1　「人狼〜嘘つきは誰だ？〜」．フジテレビ．http://www.fujitv.co.jp/jinroh/

コラム　人狼ゲーム面接

　人狼ゲームが企業の新卒採用選考に導入されて話題になっている。従来の面接タイプの選考ではなく、人狼ゲームをやりながら、それぞれの学生の素の状態を知り、入社後のミスマッチをなくそうという挑戦的な試みである。既存の社員と一緒に、「あなた人狼ですね」「いやいや、あなたこそさっきから目が泳いでますよ。人狼ですね。」「いやいや…。」などとわいわいやりながら、多くのコミュニケーションをとることを通して、応募者の人間性が見えてくる。そして、最後に「あなたとあなたは合格です。」といった感じで採用者が選ばれる。

　従来の新卒採用選考では、グループワークが一般的によく行われているが、学生が緊張してうまく自分を出せなかったり、用意してきた文章を披露するための会話をしてしまったりして、素の状態の学生をよく知ることができないという問題があった。そこで、人狼というコミュニケーションゲームをやりながら、普段の状態の学生のコミュニケーション能力をそのまま出してもらい、それを選考に活かそうということだそうだ。

　これまで本文で見てきたように、人狼は嘘を見抜くゲームであると同時に、相手を説得し信頼を得るゲームでもある。つまり、与えられた役職をロールプレイするなかで、嘘も交えながら、それを参加者どうしで見抜くというゲームである。嘘をつくという点で、面接の題材としてどうかと思う人もいるかもしれないが、これは準備のいらないディベートだと考えることもできる。

　よく面接で用いられるディベートは、あるお題に対して賛成側と反対側に分かれて、それぞれの調査をもとに議論を行うというものだろう。たとえば、「日本は高速道路の建設をやめるべきである」などというお題に対して、賛成派はそれによっていかに素晴らしいこと（メリット）が起こるのかを聞き手に訴え、逆に反対派はそれによっていかに恐ろしい問題（デメリット）が起こるのかを訴える。ここで大事な点は、自分に与えられた立場に徹するということだ。普段の自分の考え方は脇において、あくまでもロールプレイをしながら相手を論理的に説得することになる。考えてみれば人狼もこれと似ており、事前にカードなどで割り当てられた陣営の役職をロールプレイすることになる。その意味で人狼は、事前準備や調査のいらない、手軽なディベートであるとも言え、国の政策など堅くなりがちなテーマを、より親しみやすいファンタジーの世界に置き換えたものだと考えることもできるだろう。

　言うまでもなく、人狼面接では、ただ最後まで生き残れば採用というわけ

ではない。このゲームを何度かやっていると、参加者の頭の回転の速さ、相手に自分の考えを伝える力、素直さや腹黒さ、協調性、記憶力、客観的な視点など、社会人として大事なコミュニケーション能力や人間性が驚くほど見えてくるものである。なので、勝ち負けではなく、こうしたコミュニケーション過程における各自の振る舞いを観察することになるだろう。このような目的のためには非常に効果的な取り組みであろうと考える。一方、問題点としては、すでに人狼ゲームをよく知っている人と、知らない人では、議論の運び方のうまさにも大きな差が生まれてしまうという点がある。人狼ゲームをほとんど誰も知らない状況や、あるいは、逆に誰もが知っている状態であれば、うまくいくように思うが、あまりに知識に差があると、人間性の判定も難しくなるだろう。このあたりの公平性に関しては、今後考慮の必要があるかもしれない。

第3章

人狼知能の実現に向けて

ここからは、人狼ゲームをプレイできる人工知能をどのように実現していくのかを見ていく。本章ではまずそのロードマップを示したうえで、人狼知能とはどのようなものであるのかを議論する。

3.1 人狼知能研究・開発のロードマップ

第1章で述べたように、人狼知能プロジェクトは、人狼ゲームをプレイする人工知能の構築を目指す。最終的には、人間と対面でプレイができる人工知能を実現して、人とAIがともにゲームを楽しめることが目標となる。そのためには、私たちが対面で人工知能と対戦をしたときに「違和感」をもたないような環境を構築する必要がある。では、そのような違和感のない人狼知能を実現するのに、今後必要な技術とは何だろうか。

図3.1は、筆者らの思い描く人狼知能プロジェクトが進むべき道筋を示したロードマップである。現在の人狼知能は、身体をもたないソフトウェアプログラムとしてのエージェント（ソフトウェアエージェント）を想定している。そのため、当面は、人狼ゲームにおいてプレイヤーが行う情報処理としての「知能」の側面に焦点を当てた実装が中心になる。具体的には、ゲームにかかわる

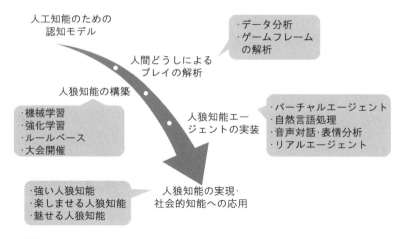

図 3.1 人狼知能プロジェクトのロードマップ

知識、判断をどのように行うのかをモデル化した「認知モデル」の実装が課題となる。そのために、人間のゲームのプレイデータの分析を行うことで「どのような手が有効か」や「対戦相手のどのような行動に注目すべきか」といった知識を獲得したり、エージェントの実装の支援となるゲームフレームやライブラリを開発したりする取り組みを進めたいと考えている。

また、「認知モデル」の前処理として、自然言語への対応が重要な課題として存在する。現時点では、汎用的な自然言語処理手法は確立していない。そのため、コンピュータで処理しやすい形式で発話を記述できる人狼知能プロトコルを設けることで対応している。だが、私たちが人狼ゲームをプレイする場合、発言内容に対する制約はなく、自由にやりとりが行われる。そのため、将来的にはエージェントは自然言語で会話ができるようになることが求められる。

さらに、対戦環境として、ヘッドマウントディスプレイなどを通してバーチャルなエージェントと対戦することも考えられるが、バーチャルな対戦は必ずしも「違和感のない」自然な対戦とは言えない。そのため、最終的な目標を達成するためには、現実の（リアルな）環境で動作するエージェント（リアルエージェント）をつくるという課題が存在し、そこでは人とロボットとのインタラクションにかかわるさまざまな技術が必要となる。

ただし、これらの課題はそれぞれが複雑に関係している。たとえば、自然言

語が実現されることで可能となる情報処理もあり、リアルエージェントが実現されることで可能となる情報処理があるだろう。そのため、必ずしもここで述べた順序どおりに取り組まなければいけないわけではない。

3.2　人狼知能のための認知モデル

　人狼知能実現のためには、それが人工知能として作成可能であるかどうかを検討する必要がある。具体的には、既存の人工知能技術を用いて人狼ゲームをプレイする人工知能を本当にプログラムできるのかを検討して、プログラムできるならばどのような要素技術を使えばよいのかを洗い出す必要がある。

　人狼ゲームをプレイするエージェントをプログラムすることが可能かを検討するにあたり、まずは、人狼ゲームをプレイする人の思考や推論の仕方がどのような手順になっているのかを分析してみよう。人狼ゲームのプレイヤーの行動を分析する方法には、コミュニケーションの内容に着目して分析する方法や、心理状態に着目して分析する方法などが考えられるが、本書では、プレイヤーの行動をプログラムすることを前提としているため、人狼ゲームをプレイする人間が実際にどのように情報を処理して知識を活用して思考しているのかに着目し、プレイヤーの行動を認知モデルとして捉え直す。ただし、認知モデルとは情報処理の流れを抽象化して実装が可能か検証するためのものであるため、それを実際に人工知能として実現するには具体的な思考ルーチンを設計してそれに合わせた技術を準備する必要がある。認知モデルを構築することで、その情報処理のプロセスが可視化され必要な情報処理が明確になるとともに、その情報処理における仮説の検証や再設計をやりやすくなるという利点がある。

　このような認知モデルの構築は、人狼知能実現の前準備として必須だろう。人狼知能のための認知モデルについては、第4章で詳しく説明する。

3.3　人間どうしによるプレイの解析

　認知モデルにもとづいて人狼知能を設計することによって、人工知能による人狼ゲームのプレイが可能であると判断できれば、次に問題となるのは、単に

プレイするだけでなく、いかにうまくプレイするかということだろう。そのために、人狼とはどのようなゲームであり、どのような行動が可能でどの行動を選択することが有利なのかなどを明らかにする必要がある。

これには、人間どうしによる人狼ゲームのプレイが参考になる。幸いなことに、人狼にはBBS型とよばれるWeb上で行われるゲームが多数存在し、そのプレイの記録はログとして残されている。

これらゲームログを分析することで、たとえば人狼ゲームは運ゲー◆1にすぎないのか、それとも経験によって学ぶことができるゲームなのかを明らかにすることができる。さらに、人狼知能を作成するうえで参考になるような情報を得ることもできるだろう。たとえば、どの役職についたプレイヤーが勝利に貢献しているかを明らかにすることで、人狼知能にとっての戦略構築の指針になると期待される。これについては、第5章で詳しく説明する。

3.4 人狼知能の構築

人狼知能のための認知モデルをつくりゲームの分析を十分に行えば、人間とまともに対戦ができる人狼知能がすぐに実現できるかと言えば、必ずしもそんなことはない。どのような手法やモデルが適しているのかを検討し、人間のデータと照らし合わせることで、人間らしいプレイができているかどうかを確認する必要がある。さらに、他の人狼知能とゲームをプレイさせ、協調的なプレイができるのか、他の人狼知能の嘘を見抜くことができるのか、といったことを確認する必要がある。

このように、人狼ゲームをうまくプレイする人工知能を実現するには、一体の人工知能を作成するだけでは不十分である。多くの人狼知能を開発し、未知の人狼知能とも協調できるのか、嘘を見抜けるのかを確認しなければならない。

そのためには、試さなくてはならないことが膨大にあり、1人の開発者にはとても手に負えない。多くの開発者が参加し、お互いの人狼知能を競わせることが、より高度な人狼知能の実現への近道となる。そこで、筆者らはグランドチャレンジの考えにもとづき、人狼知能どうしを競わせる場として、人狼知能

◆1 じゃんけんのように運だけで決まってしまうゲーム。

大会の開催を行っている。このような大会を継続し、徐々に難しい問題を取り込んでいくことによって、目指すべき人狼知能に近づけていく予定である。

人狼知能大会については第 6 章にて詳しく説明する。

3.5 人狼知能エージェントの構築

人狼ゲームは、単に思考ができる人工知能がいればプレイできるというものではない。最終的に人間と自然な形で人狼をプレイさせるのであれば、人工知能を搭載したゲームをプレイする代理人、すなわちエージェントを構築する必要がある。

人狼知能エージェント実現に必要な技術には、以下のようなものがあるだろう。

- ■画像認識（話者特定、表情からの類推）

人間が視覚から得た情報を、エージェントが人間と同様に理解するためには、画像認識の技術が必要である。「誰がしゃべっているのかを判断する」といった基本的な課題は、近年の認識技術の向上やマルチモーダルな情報処理により、ある程度実現の可能性がみえている。より複雑な視覚情報の活用には、さらに、他のプレイヤーの目線やしぐさからそのプレイヤーの発言の信頼度を判定することなどが必要になるだろう。単に嘘をついているかどうかを「判断する（見抜く）」だけではなく、「このプレイヤーはこの発言に興味ない」というような、繊細な人間がもつ「勘」に相当する判断を画像から取得することを目指すならば、解くべき問題は多い。

- ■音声対話処理

対面で人間と対戦を行う場合には、自分以外のプレイヤーが話している内容を聞き取ったうえで、それが自分に向けられた発話かどうかを判断する必要がある。とくに、同時に複数のプレイヤーが発言した際は、言葉を情報へと変換しながら、それが誰から誰に向けられた発話であるのかなども同時に判別する必要がある。これらの技術は、音声対話技術の発展によって今後実現されていくと考えられる。

■ 自然言語処理（意味理解）

人狼ゲームをプレイするには、音声対話技術によって得られた言語情報の内容を理解する必要がある。自然言語のままでエージェントの情報処理ができれば理想的だが、そのような言語処理技術はまだ存在しない。そこで当面は、発言内容を限定したうえで、言語情報を人狼知能プロトコルに変換することで機械的な処理を行うのが現実的だと考えられる。この人狼知能プロトコルによりコミュニケーションの範囲は限定されることになるが、今後人狼知能プロトコルの発言の自由度を高める方向で拡張することで、ある程度の表現は可能だと考えている。人狼知能で使われる自然言語処理については、7.2節で詳しく述べる。

■ 推論・行動決定

人狼をプレイする際には、「誰が人狼か」、「次にどう行動すべきか」など、得られた情報から、直接知りえないゲームの本当の状態を推定したうえで、次に行うべき行動を決定する。人狼ゲームは、将棋や囲碁のような完全情報ゲームではないため、状況をゲーム木で表現して盤面評価や探索の高速化を競うなどといったことはできない。状況の定義の仕方によってはモンテカルロ木探索とみなしてエージェントの行動を決定することは不可能ではないかもしれないが、人狼ゲームにおいてはむしろ、他者との関係性をどのように捉え評価するのかという、社会的な推論や行動決定に関する研究開発が中心になると考えられる。

■ 自然言語処理（発話生成）

人狼ゲームにおいては自分がどのような行動をとるかの意思表示が重要である。その際、行動のパターンが決まっていれば、それに応じて決められた発話を利用することで、とりあえずの発話生成は可能である。しかし、将来的な目標である、楽しませる人狼ゲームや魅せる人狼ゲームを実現するためには、単に情報を文字に置き換えただけの決められた発話を行うのではなく、微妙なニュアンスや感情を含めた発話を行う言語情報を生成する技術が求められるだろう。

■ 音声出力

つくられた発話を音声として出力する技術も必要となる。人間とのコミュニケーションのための音声技術には、単なる言語情報を音に置き換えるだけでは

なく、発話意図に応じた抑揚や間の取り方などが求められる。これは、音声合成技術の発展によって実現していくだろう。

■ **表情作成（リアルなプレイのために）**

人狼知能エージェントは、単に強いことだけを求められているわけではない。楽しませる、あるいは魅せる人狼を実現するためには、たとえ弱くなったとしても「それっぽい」表情やしぐさを行う必要がある。より自然な行動を行うことによって、プレイしている側や見ている側が怪しさを感じ、人狼を当てることができるようになる、といったことが期待される。隠そうしている秘密を暴くことは快感である。プレイヤーや観客にそのようなカタルシスを提供するためには、リアルな表情やしぐさの作成が必要不可欠である。

エージェント技術の開発については第7章で詳しく説明する。

これらの技術はいずれも人狼知能エージェントに実現には欠かせないが、現在は記号化されたゲーム環境内での推論・行動決定について主に研究開発が進められている。今後、自然言語処理→音声認識→表情理解・作成という順番で技術が実現されていくと期待される。

以上、人狼知能実現のための技術とそのロードマップを示した。次章以降では、それぞれの技術について詳しく説明していこう。

第4章

人狼知能のための認知モデル

「コンピュータに人狼ゲームをプレイさせる」という言葉を耳にしたとき、あなたは何をイメージするだろうか？ ロボットが私たちと対戦する姿だろうか？ あるいは、スマホ上で動くアプリだろうか？

いずれにしても、現在のコンピュータに何かをさせようと思うならば、それを実行できるプログラムを実装する必要がある。プログラムを作成する方法にはさまざまなものがあるが、本章では、私たち人間が人狼ゲームをプレイするときに何をどのように考えているのか、という思考のプロセスを分解してみることで、プログラムに必要な要素は何かを考えてみる。そのうえで、その思考のプロセスを実装するのに必要な人工知能技術を紹介する。それにより、人狼ゲームと人工知能がどうかかわるかが見えてくるだろう。

4.1 人狼プレイヤーの頭のなか

人狼ゲームをプレイしているときのことを思い出してほしい[1]。人狼ゲームのプレイヤーであるあなたは、自分の目や耳などさまざまな感覚を使って対

---

[1] 一度もプレイしたことがない読者は、第2章を読み返しながら、人狼ゲームをプレイしている場面を想像してほしい。

戦相手である村のプレイヤーの様子を見たり話すこと聞いたりするなどして、ゲームの状況にかかわる情報を集めることだろう。そうした情報には、たとえば、Aさんが「Cさんを占ったら人狼だとわかった」と言っただとか、Bさんが「私こそが占い師だが、Cを占った結果人狼ではないとわかった」と言ったなど、個々の発言はもちろん、そのときの話し手の表情や周囲がそれに対してどう注意を払っているかなどさまざまな情報が含まれる。そして、集めた情報をもとに、自分が所属する陣営が勝利するためには何を発言して誰に投票をするのかを決めるために、いま自分が行えることは何かを考えなくてはならない。「発言する」と一言で言っても、でたらめに話をしては誰も自分の発言を聞いてくれないどころか、議論に参加させてもらえない可能性もある。そのため、ゲームの展開に合わせて、自分がやりたい（やるべき）ことをするために、誰からどんな情報を得たいのかを考え、それに合わせた発言をする必要がある。たとえば、AさんとBさんの二人が占い師であるとCOしている状況ならばその二人に「どうしてCさんを占おうと思ったのですか？」などと聞くことは自然なことである。それと同時に、自分の発言を聞いた他のプレイヤーが自分についてどう考えるのかも考慮に入れなければならない。

　上記のように、人狼ゲームをプレイしているときに限らず、普段の生活のなかでも、私たちの頭のなかでどのような情報をもとにどのように行動を決めているかを知るためには、どうしたらよいだろうか？　手っ取り早い方法は、実際に私たちの頭のなかをのぞいて、どのような処理がなされているのかを見てしまうことだろう。しかし、CT[◆1]やfMRI[◆2]などの測定機器を使って脳の活動状況を観測できるようになりつつあるとはいっても、その活動が思考のどのプロセスに対応し、どのような意味をもっているのかまではわからない。直接脳を観測する以外には、プレイ中の思考プロセスを順を追って省みたり、心理実験を通してさまざまな状況で私たちがどのような選択をするのかを理解したりする方法が考えられる。

　本節では、人狼ゲームにおけるプレイヤーの思考のプロセスを考えるために、脳のなかの情報処理を抽象化した認知モデルをもとに、プレイヤーがどのよう

◆1　コンピュータ断層撮影。脳などの身体を輪切りにして撮影できる。
◆2　磁気共鳴機能画像法。脳の各部位の血流量から、間接的に脳のはたらきを調べることができる。

にして行動を決めているのかを考察しよう。そして、その考察を人狼知能の作成にどう生かしていけばよいのかを考えていこう。

4.1.1　行動決定のための情報処理モデル

私たちがふだん自分の行動を決める際、周囲の状態（環境）を把握するために、目や耳などの五感を使って周囲の環境から情報を受け取っている。そして、受け取った情報を取捨選択して状況を「**認識**」することで、環境がどのような状態にあるのかを知る。続いて、認識した状況を「**記憶**」し、それを前からの記憶と比較することで、状況の変化を察知するとともに、自分がいま何をしたいのか、そして何に対応すべきなのかなどから、選択するべき行動を「**思考**（評価・計算・推論）」するだろう。思考の結果、自分にとって望ましい状況を実現するのに適切であろう「**行動**」が選択される（図 4.1）。

つまり、私たちの行動を決めるための情報処理のプロセスは、中心に位置する「記憶」を媒介とした

(1) 認識
(2) 思考
(3) 行動

に分けて考えることができる．

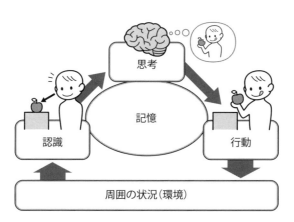

図 4.1　行動を決定するための情報処理の流れ

このような一連の流れを繰り返すことで、私たちはさまざまな状況に対して何かしらの対応をしている。この一連の流れは、人間の行動決定のための情報処理の過程を抽象化したモデルのなかで、最も単純なものの一つである。人間の意思決定の流れは、熱いものから反射的に手を離すような瞬間的な反応から、数年間の同棲を経て結婚にいたるような長期間に及ぶものまで、さまざまな時間スパンの行動決定が存在するが、基本的にはこのプロセスにて処理されていると想定できる。

このモデルに沿って人狼ゲームでのプレイヤーの思考プロセスを考えてみよう。プレイヤーはまず、環境に潜在するさまざまな情報から、「他のプレイヤーのうち誰が何を発言したか」や「誰が誰をどのように見ていたか」などの村のいまの状況を「認識」したうえで、それを「記憶」する。そして、この認識とこれまでの記憶（過去の村の状況など）とを照らし合わせて、「あるプレイヤーがずっと別のプレイヤーを見ていたのは相手を怪しんでいたからではないか」などと「思考」して、その結果として選択が可能なさまざまな行動のなかからその人に投票することや、本当に怪しいと思っているのか確認できるような発言をするといった「行動」を選択して実行する。行動を選択する人の頭のなかでは、効率よく決断できるように選択肢の数が制限されていたり、過去や未来の行動との矛盾が生じないように選択の順序や内容に制約が課されていると考えられる。

情報処理のモデルがこれら「認識」、「記憶」、「思考」、「行動」で構成されているという考え方は、人工知能の研究においても基本的な考え方となっている。自律的に行動する主体の行動をモデル化した知的エージェント[1]とよばれるアーキテクチャにおいても、「認識」・「思考」・「記憶」・「行動」という四つの能力は、問題解決を行うための情報処理プロセスにおいては最も基本的な構成要素であり、エージェントを含めた人工知能の研究の多くは、いずれかの能力の実現や高度化を目指したものである。

◆1 エージェント（agent）とは、行動を行う主体のことである。いわゆるアプリケーションなどの一般的なプログラムとの違いは、環境を認識して、自律的な動作を行い、変化に対応して持続的に活動することができることが期待されている点にある。一般的なエージェントの表現としては、「認識」はセンサーからの入力情報を処理する知覚情報と表現され、「実行」はアクチュエータから出力する行為（行動系列）になる。エージェントはこれらを通して実世界とのインタラクションを行うプログラムである。

- 「認識」に関連するロボット研究では、近年までは主にハードウェアの性能向上を目指したものが多かった。というのも、カメラやマイクなど各種センサーのハードウェアの性能が、認識の性能の大部分を決定していたところがあったためである。だが近年では、機械学習や強化学習とよばれる人工知能技術を中心とした、ソフトウェアによる性能向上が目覚ましい。とくに、五感情報（そのなかでも視覚や聴覚）の認識性能に関しては、データから抽象的な表現自体を自動的に獲得できる深層学習の進歩などにより認識性能の向上が目覚ましく、画像認識において人間の認識精度をすでに超えたとも言われる。これにより、今後は認識のために必要とされるリソースをどのように配分するのかや、何をどのように認識するのかがより重要な問題になるものと思われる。
- 「思考」に関する研究は、人工知能や認知科学の分野において初期から多くの研究者によって取り組まれてきた。「認識」を通して取得した情報を用いて周囲の状況をどのように「表現」するのかという情報の記述形式など記号化に関する研究や、表現された状況をどのように「評価」するのかという状況評価に関する研究、「行動決定を行う」という行動選択に関する研究など、さまざまな研究が行われてきた。同様に「記憶」に関しても、「どのような形式で記憶するのか」、「記憶した情報をいかに高速に思い出すのか」などの研究が、主にデータベース分野などにおいて情報科学の一テーマとして行われている。
- 最後の「行動」は環境との直接的なインタラクションを担う部分であり、とくにロボットの分野にて研究が行われている。人工知能の分野における研究としては、多様なインタラクションのなかでも情報の伝達・表現の部分に着目して、エージェント間の情報伝達のための情報通信プロトコルとしてFIPA[1]のALC[2]などの設計が行われている。これは、インターネットでの通信を可能とするために、機器間の通信プロトコル設計・利用されているのと同じく、エージェントプログラムでも処理のしやすい記述形式が提案されている。プロトコルによりエージェント間の交渉や情報交換が可能となり、複数のエージェントが協調して問題を解決するためのメカニズムの構築が試みられている。こうしたプロトコルでは、定型的かつ言語的情報のみが表現可能であるが、私たち人間は必

---

[1] Foundation for Intelligent Physical Agents
[2] Agent Communication Language

ずしも言葉のみを使って情報を伝えているのではなく、表情やイントネーションのような言葉以外の情報伝達手段も用いている。そのため、人間を相手にした情報通信（伝達）を扱うヒューマンコンピュータインタラクション（HCI）やヒューマンエージェントインタラクション（HAI）などの分野では、非言語的な情報伝達に関する研究も盛んに行われている。

このように、人工知能の研究の多くが、図 4.1 の認知プロセスのいずれかにかかわっている。私たち人間と同じように人狼ゲームをプレイする AI、すなわち人狼知能を設計するには、人工知能にかかわる知識を幅広く習得する必要があるとともに、自らが研究・開発する要素（人狼知能の能力）の位置づけを明確にする必要がある。その際、目的とする能力を実現するのに対して、それぞれの能力（とくに認識能力と行動能力）に関してどの程度のものを要求するかによって、その実現の難易度が大きく変わってくるだろう。

4.1.2　認知モデルからの実装の検討

図 4.1 の情報処理の流れに沿って、人狼知能のモデル化を検討してみよう。人狼ゲームには、主に BBS 型と対面型の 2 種類の人狼ゲームの対戦スタイルがある。BBS 人狼ゲームの対戦環境であれば、人狼知能によって「認識」される入力情報は文字列情報であり、実行に関しても基本的には文字列でゲームサーバに返答することになる。それに対して、対面型の人狼ゲームの対戦環境では認識の対象となるのは五感情報となり、実行も音声や動作など身体的な行動が求められる。また、対面環境ではゲームの進行がリアルタイムとなり、リソースの制約などから環境のすべての情報を扱うことは（おそらく）難しく、処理すべき情報を取捨選択する必要がある。そのため、どの情報を使って状況を表現すれば状況を十分に示せるのかなど、検討すべき課題は多くなる。そのようにゲームに参加するためのインターフェースの違いによって扱える・扱うべき情報が大きく異なることから、人狼ゲームをプレイする人狼知能知能の実装には、「どのような情報を取得できるのか」「どのような行動が可能なのか」を考慮したうえで、「どのように思考するか」をプログラムしていく必要がある。つまり、BBS のような比較的 AI にとってやりやすい環境と対面のような AI

にとって情報を獲得しづらい環境とでは、異なるアプローチが必要となるだろう。

　このように、環境から入力された情報に対して、その情報を取捨選択したうえで、適切な行動を選択するように思考を設計する方法は、古くから人工知能の分野において研究されてきた「ルールベース」とよばれる設計の仕方に近い。一方、最近のディープラーニングと強化学習（の一種であるQ学習）を組み合わせた Deep Q-Network（DQN）などを使ってゲーム状況の適切な表現自体を獲得することができれば、思考の設計は不要になるかもしれない。だが、現状では、長期的な思考、とくに他者を「心的状態」を含めた行動の設計には心的状態が何かしらの形で取得できない限り、現在のDQNのアプローチをそのまま適用することは難しいだろう。

　さらに、人狼知能を設計するにあたり注意が必要となることとしては、認知プロセスにおける四つの能力の性能は、それぞれ独立に決まることはなく、互いに影響を与え合っていることがある。たとえば、「前に進もう」と考えるためには「前」の状況を認識しなければならないが、人は「進もう」と思ってはじめて「前に何があるか」を考える。このように、どのような「思考」をするかによって「認識」の細かさや正確さが異なってくる。それだけでなく、前に進むという行動一つをとっても、一歩を踏み出し始めてから完了するまでの間、足もとの状況を「認識」していなくては、足もとに何か物体があるのに気づかずに踏んでしまうかもしれない。つまり、「認識」の能力の良し悪しは「実行」にも影響を与えるし、それを「実行」するためにはそれを行えるだけの「認識」が必要とされる。このように一つの能力が別の能力に影響を与えるというのは、他の能力間でも同様である（図4.2）。このことが意味するのは、人工知能に複雑なことをさせるには、より複雑な情報を入力して、複雑な思考メカニズムを実装することが求められる、ということである。そして、複雑さが増すほど実装のコストが大幅に増加する可能性がある。ディープラーニングなどはその複雑さを簡易化できる手法の一つと言える。

　能力の性能の相互関係が生まれた背景には、私たち人間の進化の過程がある。人間は、環境に合わせて複雑な思考を行うことが要求され、それを可能にするだけの「認識」や「行動」の能力を発達させてきた。一方、見方を変えれば、

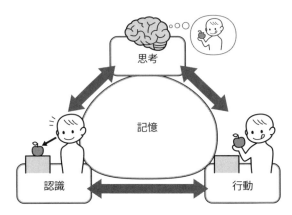

図 **4.2** 能力どうしの相互関係

高い「認識」や「行動」の能力を十分に発揮できるようにするために、複雑な思考をする能力を発達させてきたとも言える。このような知能の発展経緯の説明は、社会的知能仮説とよばれる。人狼知能も、「何を認識したか」によって「何が思考できるか」の限界が決まる一方で、「何を思考するか」によって「何を認識すべきか」が決まってしまう。あるいは「どのような行動をするか」によって、「思考すべきこと」と「認識すべきこと」も決定されてしまう。人狼知能が別の AI をだまそうとしても、会話内容を理解し発話することはもちろんのこと、信じるとはどういうことであるかを理解し、相手が何を信じているのかを考えて認識しなければ、それはできない。

　人間が認識・思考・行動を相互的に進化させてきたように、人狼知能大会でも、より高度な思考メカニズムを実装するためには、認識や行動を段階的に複雑にしつつ、より複雑な思考を要求するゲーム環境を設定していくことが必要である。当面は、得られる情報をテキストに限り、BBS 人狼ゲームの環境を想定したレギュレーションで人狼知能エージェントの能力を競う（図 3.1 参照）。そして、徐々にこの環境を複雑化していくことによって、エージェントの能力を進化させ、最終的には対面型人狼ゲームが行えるくらい複雑な思考が可能な人狼知能の開発を目指せるようにゲーム環境を設計していく。人狼知能もそれに合わせてアップデートできるようにあらかじめ設計できるのが理想的である。

現時点の人狼知能において、対戦する人狼知能エージェントどうしで競っている能力は主に「思考」と「記憶」である。これらの能力の開発に限れば、これまでの将棋や囲碁におけるゲーム AI で競われていたものと大きな違いはない。だが、人狼ゲームは複数のプレイヤーどうしでの対戦である。そのため、どのように「協調」をするかなどこれまでのゲーム AI では重視されてこなかった要素の実装が数多く必要となる。以降、人狼ゲームをプレイするエージェントを考えるうえで、「思考」と「記憶」そして「協調」をどのように設計すればよいのかを、それぞれ検討していこう。

4.1.3 「思考」のモデル

人狼ゲームをプレイする人狼知能の思考の全体像を考えるにあたって、私たち人間が人狼ゲームをプレイしているとき、目の前に次々と現れるさまざまな状況への対処をどのように行っているのかを考えてみよう。まず単純なものとして、「他のプレイヤーから疑われたので疑い返す」や「自分に投票してきたので投票し返す」というように、「認識」された何かに対してよくとられる行動がある◆1。このような行動を具体化するために分解してみると、

- 条件（condition）：「他のプレイヤーから疑われた」と認識する
- 行為（action）　　：「その人を疑う」を実行する

という二つ要素で構成されていることがわかる。このように条件と行為からなる規則を、**行動ルール（規則）**とよぶ。行動ルールにもとづく知的システムは、**プロダクションシステム**（あるいはルールベースモデル）とよばれる。プロダクションシステムでは、行動ルールに定められた条件に照合（マッチング）したときのみ行動をとることができるため、特定の条件下において特定の行動しか行えない（図 4.3）。人狼ゲームという限られた環境であっても、その条件は無数に存在するため、それをすべて明示的に行動ルールで記述することは難しい。これらは、一般にフレーム問題とよばれている、人工知能における重要な難問の一つである。

◆1 この状況の認識の前に、入力情報から直接行動につながるケース（いわゆる反射的行動）もあるが、本節ではロボット（知的エージェント）ではなく人間の行動を前提として議論するため割愛する。

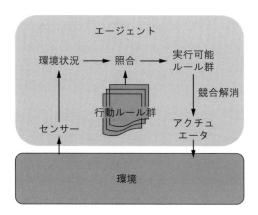

図 **4.3** ルールベースでの行動決定

　人狼ゲームという状況を限定したことで、すべてのゲーム状況に対応できるようなルールを完全につくることができたとしても、まだ別の問題がある。先ほど例に挙げた「疑われたときにその人を疑う」という行動ルールを適用しようとしたときに、同時に別のプレイヤーからも疑われたとしよう。その場合、とれる行動が一つに限られていれば、2人を同時に疑うことができず、適用可能な行動ルールのすべてを実行できないということになる。このように適用するルールが競合した場合、どちらを実行するのかを決定する、すなわち**競合解消**を行う必要がある。

　競合解消の方法には次の二つの方法が考えられる。

- 競合が起こらないように、状況を整理し行動規則を設計し直す
- 行動ルールの選択を適切なものとする

前者を行うには、状況が確定的に把握できる必要がある。それが可能なチェスや将棋・囲碁のような完全情報ゲームでは、ゲーム木◆1 を作成したうえで、それぞれの状態の評価関数を作成して探索すればよい。しかし、他のプレイヤーの役職が決定できない不完全情報ゲームである人狼ゲームではそれは難しい。

◆1　ゲームの盤面の状況をノードとし、可能な行動を向きのあるエッジとして表現したもの。このゲーム木を完全に作成可能であれば、ゲームの勝敗は（理論のうえでは）ゲーム開始時に決定するが、人狼ゲームにおいては、ゲームの状況を確定することはできないため、より可能性の高い状況を推定する必要がある。

行動ルールにおける競合解消にはさまざまな方法があるが、最も単純な方法は、実行可能なルール群からの選択ルールをあらかじめ決めておくというものである。選択ルールとしては、照合された順あるいはその逆順、もしくはランダムで選択するなどが考えられる。だが、このような競合解消では、状況に応じて優先して適応すべきルールが存在するときに、それが実行されない可能性がある。そこで、適応すべきルールに重要度を設定する方法がある。その重要度の設定方法にも、事前に重要度を設ける方法と、状況に応じて重要度を算出するという方法がある。エージェントはその重要度をもとに行動を選択する。そこでも、最大値選択やルーレット選択[◆1]などいくつかの選択方法がある。ルーレット選択などの確率的な方法で競合解消を行うモデルは、確率モデルとよばれる。このような確率的な行動決定モデル（確率推論システム）の代表的なものとして、ニューラルネットワークにもとづく方法やベイジアンネットワークがあり、これらは知識を表現するだけではなく、推論の枠組みとしても利用できる。

重要度をつければ、行動を選択できることはわかった。では、重要度はどのように決めればよいのだろうか。行動ルールの重要度の決め方にはさまざまな方法があるが、問題が複雑になるほどルールの重要度を適切に設定することは難しくなる。このような場合、一般的には「学習」を行うことで適切な重要度を設定する。学習とは、エージェントにいろいろな状況を経験させ、その行動の結果をもとに行動ルールの重要度を最適化したり、行動ルールそのものを生成したりすることを指す。つまり、学習を行うエージェントは、成功した行動ルールに対する重要度を上げたり、状況が改善された条件と行動の組み合わせを良いルールとみなし、逆に失敗したときにはその重要度を下げることでそのルールを利用しないようにしたりする。このような仕組みを**強化学習**[◆2]とよぶ。学習を行う際、エージェントは結果が良かったのか悪かったのかを理解する必要がある。その基準としてはゲームの勝敗を使うことも多いが、人が行動の良し悪しを直接評価することもある。さらに近年では、いかにエージェント

◆1 適応度（ここでは重要度）に比例した確率で各行動を選択するアルゴリズム。
◆2 強化学習とは、観測した状況から選択すべき行動を決定するという問題を扱うための機械学習の一種。なお、機械学習とは、データから反復的に学習することで、そのデータに潜むパターンを発見する技術の総称である。

自身にその基準を定めさせるか、すなわち「自己学習」をどう実現するかが重要だと考えられている。

このような学習器を備えることで、エージェントはより適応的な行動が可能となる。だが、既知の経験から学習するだけでは、すでに経験した状況では最適な行動をとれるが、未知な状況では正しい対応ができない。そこで、自ら未知の状況を生成して、不足している経験を補うアプローチも考えられる。その場合、エージェントは自らが対処する問題の大きさを十分に認識して、不足している知識を補うための行動をどれくらいとるか決めるという、「探索（exploration）」と「活用（exploitation）」のバランスの制御が必要となる。

ここまでは、状況に対するプレイヤーのシンプルな応答のみを考えてきたが、実際には、村人陣営・人狼陣営の行動には勝利という目標（ゴール）が存在する。この目標に向けて学習を行えばよいのだが、しかし、人狼ゲームの不完全情報性、たとえば役職が明らかでないことなどから、現在の状況を正確に把握することができず、学習に必要な「状態」が何かを決めることができない。そのため、ゲームの状態をもとにゴールに向かって学習を行うのは難しく、ゴールに達するために必要なサブゴールを設定する必要がある。たとえば、人狼を村から追放するためには占い師によって人狼を見つける必要があるため、「占い師に役職のCOを促す」ことをサブゴールにするといったことが考えられる。さらに、多くのサブゴールは、1人のプレイヤーで達成することはできないものであるため、人狼ゲームをプレイするための知識処理には、協調のメカニズムが必要となる。

4.1.4 「協調」のモデル

人狼ゲームは、複数のプレイヤーからなるゲームであり、勝敗も陣営によって決定するため、他のプレイヤーとの協調が欠かせない。マルチエージェントシステム◆1における協調のメカニズムとして、情報を共有して問題を解決す

◆1 マルチエージェントシステムとは、自律的な行動が可能なエージェントを複数集めて構成するシステムのこと。ある問題に対して、エージェントどうしで異なる役割を担うなどして取り組むことで、リソースなどを効率的にできると考えられており、そのための協力の仕方や情報の共有の仕方などが研究されている。

る黒板モデルや、解決すべきタスクを共有する契約ネットプロトコルなどの手法◆1 がある。しかし、これらのモデルは、集団が同一の目的をもって行動することを前提としているため、人狼ゲームにそのまま適用することは難しい。たとえば、ゲーム開始直後に、人狼しか知りえない「○○（自分以外のプレイヤー）は人狼である」のような情報を伝えてしまってはゲームが成立しなくなる◆2。またタスクの共有についても、騙り（偽の役職 CO など）がある人狼ゲームでは、誰にタスクを依頼すればよいのかの判断が必要となるが、それも簡単ではない。よって、部分的なタスクの割り当てを行いながら、コミュニケーションを通した情報の共有によって、村人陣営・人狼陣営それぞれが適切なサブゴールを選択するための方法論が必要となる。

4.1.5 「記憶」のモデル

ここまでは、プレイヤーが直面したゲーム状況に対してどのように考え、それにもとづいて他のプレイヤーとどのように協調するのかという視点から議論してきた。たが、その知識処理において、私たちがどのような情報をどのような形で蓄えるのかという点も重要である。

私たち人間が実際にどのように情報を記憶して利用しているのかは、現時点では明らかではない。脳神経科学によって、脳の活動状況の解明は進みつつあり、脳のどの部位が思考にかかわるのかはわかってきているが、一つひとつの行動決定や具体的な記憶と脳の活動との関連性の解明はこれからだと思われる。そのため、ここではこれまで同様に、脳の具体的なメカニズムにもとづくのではなく、抽象的な認知モデル（つまり、私たちは状況を認識して、記憶して、知識をもとに行動を決めているというこれまで用いてきたモデル）を前提とし、その枠組みのなかで「記憶」について考えていくことにしよう。

私たちは五感から情報を得て状況を認識しているが、あらゆる状況をそのまま記憶しているわけではない。とくに、ルールベース型の推論システムを用いる場合、たとえば視覚情報と音声情報のみを記憶の対象としているとすると、

◆1 三宅陽一郎，「デジタルゲームにおける人工知能技術の応用の現在（＜特集＞エンターテイメントにおける AI）」，人工知能：人工知能学会誌 30.1，2015，pp.45-64.
◆2 もちろん、人狼がそんな馬鹿をするはずがないから、裏切り者が場を乱すための発言だろうと、周りが考える可能性もあるが……。いずれにせよ、良い手とは言えないだろう。

音と映像からつくられた状況ごとにルールが生成されることになる。しかし、まったく同じ音と映像に遭遇することはほぼないだろう。たとえば同じ場所に立ったとしても、時間によって見える風景も聞こえる音も異なっているはずである。たとえ、その一部分だけで状況でマッチングしているとしても、記憶との照合のコストが非常に大きい。そのため、ある程度まとめられた（抽象化された）情報が記憶されていると考えるほうが適切である。

そうした抽象化のための代表的な手法が、文字などの記号による情報表現である。現在の人狼知能では、このような記号を用いた情報の抽象化を行っている。人狼知能には、ゲーム状況が文字列情報◆1として与えられる。これは、人間のプレイヤーが視覚や聴覚から得るであろうゲームに関する情報を文字で表現したものだが、視覚・聴覚情報に比べれば非常に限定された情報でしかない。

たとえば、対面人狼においてAさんが身振り手振りを交えながら「Bさんを昨日の夜占ったら、人狼だったんだ。てっきり村人だと思っていたのにびっくりしたよ」と言ったとしよう。これを文字情報に置き換えれば「Bさんを占って人狼と知ったとAさんが言った」などとなる。

このように情報を抽象化すれば、そのまま記憶して行動決定に用いやすくなる。だが、このように限られた情報でもまだ、そのままコンピュータに入力してルールを構築することは難しい。コンピュータに理解させるためには、得られた情報をさらに抽象化した「表現」として扱う必要がある。このような「コンピュータが処理しやすくするためには状況をどのように表現すればよいのか」という問題は、**知識表現**の問題とよばれる。これまでは、「オントロジー」とよばれる、情報を記号として表現して、その記号どうしの関係性を定義していく方法が主流だった。だが近年では、ディープラーニングなどにおいて表現そのものの学習が行われるようになり、データどうしの関係性も含めた表現が可能になってきている。これにより、さらに高度な知識表現が可能になっていくと期待されている。

とはいえ、人狼ゲームをプレイする人工知能にどう記憶を実装するかを考えた場合、すでに文字情報として環境情報が与えられていることからも、現段階では記憶に関しても記号的なアプローチが中心になると考えられる。そして、

◆1　人狼ゲームの状況に関するプロトコルに関しては6.3節を参照。

記憶した情報に対して統計的な処理を行うことで、たとえばプレイヤーへの信頼度を推定したり、プレイヤー間の関係性を抽出して状況を表現したりすることが考えられる。

だた、将来的に対面型人狼ゲームを行うエージェントをつくる際には、視覚や音声の情報を一つひとつ記号的な表現に直したうえで行動を決めるというアプローチは、これまでのロボット分野の研究状況を鑑みるに難しいと思われる。そこではやはりディープラーニングで用いられているようなベクトルによる表現が必要になるかもしれない。そのためには、事前に想定される範囲を超えた表現が利用できるように、表現の動的な更新などの方法を検討していく必要があるだろう。

4.2 エージェントの思考メカニズムの説明：様相論理の視点から

次に、人狼というゲームにおいて、プレイヤーがいかに情報を駆使して、どのような戦略が行われていくのか、個々の発話のロジック、論理的なつながりの分析をもとに考えてみよう。

4.2.1 推理と説得の構造について

これまで繰り返し述べてきたように、人狼ゲームは、戦略上でも、ゲームを盛り上げるという意味でも、コミュニケーションの比重が高いゲームである。人狼ゲームでは、参加者全員で共有できる客観的な情報はほとんどない。客観的と言える情報は、各人の発言内容自体と、日数、追放者、襲撃者などであり、人狼ゲームに登場するほとんどの役職たちは、自分自身の役職を「客観的に」証明する手段をもたない◆1。なお、ここでは「客観的に」という用語は、「ゲームに参加していないものが外側から見たときに」という意味で使うことにする。

具体例を挙げてみよう。たとえば、あなたが「村人（無能力者）」であり、あなたの友人がそのゲームを外から観察している（＝ゲーム上の発話のみを観

◆1 オープンルールとよばれるルールでは、追放者の役職はその時点で明かされる。初期の人狼ゲームはこのルールを採用していたが、その後発達したクローズドルールの人狼ゲームにおいては、客観的な役職公開はゲーム中には行われない。

測している）とする。このとき、ゲームプレイ中に、あなたが村人であることをその友人に対し証明することは不可能である（これは、あなたがどの役職であっても同様である）。

　もちろん、ゲーム中の「人狼」のプレイヤーにとっては、あなたが少なくとも「非人狼＝村人陣営」であることは自明であるし、もし村人のなかの占い師があなたを占ったとすると、その占い師はあなたが村人陣営であることを知ることができ、また占い師はあなたが人間であるという発話を行うことができる。しかしながら、村の外にいるあなたの友人から見たとき、その「人狼」のプレイヤーが本当に人狼であるのか、あるいは「占い師」と宣言した人間が本当に占い師であるのかどうかはゲーム終了まで確定することができない（図4.4）。占いや霊媒の結果は、相手の発言意図を推し量る貴重な手がかりではあるが、確定的な情報ではない。本物の占い師が本当のことを言うとも限らないし、本物の占い師にとって嘘をつくことが必要な局面も存在する。人狼が最善手を打った場合、可能性の枝は、結局一つにはならない。

図4.4　外部観測者による視点

　この、客観的に証明をする手段をもたないということは、役職をもつプレイヤーは自分の役職を証明する手段をもたないことを意味し、また村人からすれば他のプレイヤーの役職を確定する手段をもっていないことを意味する。このように、人狼ゲームはコミュニケーションの比重が大きいゲームであるにもかかわらず、個々の発話のみからでは状況を確定できない。

■真実を見抜くということ：可能世界を限定する

発話の内容を支える客観的な情報が存在しないため、話者たちにとって「相手の立場に立つ」ということが重要となる。人狼ゲームで交換される情報はどこまでも主観的な情報、すなわち、文脈に深く依存した情報のみである。各々のプレイヤーは、自分の観測した情報から現在あり得る可能な世界を想定する。実は、このような思考方法は、論理学の分野で「様相論理」や「可能世界論」として知られる理論で研究されている。

様相論理は、普通の論理学のように「ある事物が真か偽か」という絶対的な情報を対象とするだけでなく、その情報の「必然性」を別個に扱う論理体系である[◆1]。様相論理を使うことで、何がどれくらい起こり得るかという可能性を示す表現（「Aさんは人狼かもしれない」）や、ある時点での事象と現在の状況を区別する時制の表現（「Aさんはいまは占われているが、3日前は正体がわからなかった」）や、ある人物のもつ信念を記述する表現（「私はAさんが人狼かどうか知らないが、Bさんが占い師だったらAさんの正体を知っているはずだ」）を扱うことができるようになる。

可能世界論は、上記のような様相論理を理解するための方法論の一つである。可能世界論では、ある世界が論理的に成立する可能性のある世界の集合でできていると考える。客観的な情報が得られない人狼ゲームは、可能世界論の考え方ととても相性がよい。たとえば、プレイヤーBが占い師を宣言しており、「Aを占ったら人狼だった」と発言しているとしよう。この記述から想定できる可能な世界として、たとえば「Bが本物の占い師でAが人狼の場合」や、「Bが人狼でAが村人の場合」などが考えられる。そして、ほかの発言と合わせて、あり得る可能性、すなわち可能世界を求め、そのなかから現在の状況に合っている世界を探すことができる。

「様相論理」や「可能世界論」など聞いたことがない、という人も多いと思う。ただし、こうした推論は特殊なものでも、人狼ゲーム特有のものでもなく、日常生活でも多用されている。たとえば、ある人が「手紙を出したけどあなたに届かなかった」と言ったとする。このとき、その人は手紙を出したが住所を間

◆1 ここからの様相論理の説明は、かなり簡略化したものである。様相論理により興味がある人には『情報科学における論理』（小野寛晰，日本評論社，1994）を一読することをすすめる。

違えた可能性もあるし、手紙を実際には出していない可能性もある。この場合、たとえばこの二つの可能世界を想定できる。その後あなたが郵便局に確かめにいき、その人がこの数年間手紙を送ったことがないという情報を得たなら、前者の可能世界は想定しづらくなる。また、この事実から、「相手が自分のことをどれくらい真剣に考えていたか」についてのモデルを立て、様相論理的に分析することもできるかもしれない。

同様の推論が、人狼ゲームの際には多用される。ある人が「占い師である」と宣言した場合、

- その人は本当に占い師である
- 占い師を騙る偽者である

という両方の場合が考えられる。さらに、嘘だった場合には、その理由として、

- 自分が死にたくないために占い師を騙った
- 積極的に村人を人狼と言うことで人狼陣営を助けようとした

という二つの可能性があるだろう。しかし、その後にこの自称占い師によって自分が人狼と言われれば、少なくともその人が本物である可能性は薄くなる。こうして「可能な世界」を一つ削ることができる（図 4.5）[1]。

図 **4.5** 可能世界の絞り込み

---

[1] ただし、本物がブラフでわざと偽の結果を言っていることも考えられる。しかし、いずれにしても「本物が正解を言っていて、かつ自分が村人である」世界はない。

人狼ゲームにおける推理では、このような場合に両方の可能世界を考え、現実の会話からそれぞれの世界のもっともらしさを考えていく。たとえば、本物の占い師であるならば、その宣言をする以前の段階で、公言せずに占った相手を追放することを提案しているかもしれない。また、逆にそれが占い師を騙る人狼であれば、占い師ではあり得ないような発言をしているかもしれない。このように、過去の発話を観測することで可能世界を探っていくことができる。

■嘘をつくということ：可能世界をつくり出す

村人陣営は、真実を見抜くために可能世界を想定し、すべての可能性を探っていく。一方で、人狼陣営は何をすればよいのだろうか。

人狼にとっても、誰が狩人であるか、占い師であるか、という情報は明確ではないため、村人陣営と同じように推理が求められる。しかし一方で、人狼はそうした推理だけをしていたのでは、いずれ自身が追放されて負けてしまう。当然、人狼というゲームでは自身が追放されないために嘘をつくわけだが、前述の可能世界論の視点から言えば、これは「自分が人狼ではないという可能世界」をつくり出せばよいということになる。たとえば、図4.6の状況を見てみよう。これは、疑われた人狼が、自身が占い師と発言することで相手の信頼を勝ち取ろうとしている場面である。これを人工知能が行うためには、まず、自分以外のプレイヤーの役職の可能なパターンを考え、その可能世界それぞれのなかで相手が考えている可能世界を想定し、そこで「自分が占い師であるよりも人狼であるほうの可能性が大きい、という想定がされている」ということを理解する必要がある。そのうえで、相手が自分に対してもつモデルにおいて、人狼ではなく占い師の可能性が高まるように誘導する必要があり、そのための適切な発話を選ぶ必要がある。

■説得するということ：可能世界を伝える

情報の確かさが立場により異なるため、ある判断についての最終的な尤度（もっともらしさ）はプレイヤーにより異なり、したがって下される結論もそれぞれ異なる。しかし、人狼ゲームでは、日ごとに追放するプレイヤーを村全体で決定しなければならない。つまり、個々人がもっている異なる結論を、村

図 4.6 人狼プレイヤーにとっての可能世界。上の図では右側のプレイヤーが「左側のプレイヤーが自分を狼だと疑っているのではないか」と思っていることを表している。これを避けるため、右側のプレイヤーは占い師宣言をして、真ん中が狼と発言した。この結果が下図であり、右側のプレイヤーは「左側のプレイヤーが、自分が占い師である可能性を狼である可能性より強く信じてくれるだろう」と想定する。

全体として一つに集約させなければならない。

村人たちは情報を共有するために議論を行う。ここで、相手を説得するという行為が発生する。ここでの説得とは、どのようなものだろうか。

村人も、人狼も、生き残りたければ信頼を勝ち取らねばならない。自分の意

見を通すためには、自分の意見が信頼に足るものであることを他者に説明する必要がある。可能世界論で言えば、自分の信じている可能世界を共有することを相手に**説得**する、ということである。

人狼はしばしば、推理よりも説得が重要なゲームだと言われる。これは推理よりも説得のほうが知的に難しい課題であるからかもしれない。推理は、場の発言から可能世界を導き、そのそれぞれの確率を見積もりさえすればできる。しかし説得では、自分ではなく相手の可能世界のモデルを変えなければならない。このためには、相手が自分の発言をどのように捉えているのかをモデル化することが必要になってくる。つまり、ある人を説得するためには、相手のなかにある自分のモデルをもたなければならない、という言い方ができる。しかし、相手のなかにある自分のモデルをもつためには、相手のなかにある自分のモデルのなかの相手のモデルをもつことが必要になる。これを突き詰めていくと、お互いのモデルを探りあう無限の再帰的なループが発生し得る。

実は、同様のモデルは、赤ん坊の発達を調べる認知科学の分野で中心的な議題となっている◆1。たとえば、親が道で駐車した車を指して「ほら、ブーブーだよ」と赤ん坊に声をかけたとする。しかし、生後間もない赤ん坊は、指された車ではなく、動いた親の指のほうを見てしまう。これは、親が意図をもつ他者であると認識しておらず、ただ動いたものに反射的に目が行ってしまうからである（親の指の動きは、赤ん坊にとってはボールの動きと変わらないのだ）。これに対して、ある一定以上の年齢の子供は、親が意図をもっており、親が指した指の「先」に対象があると理解して、そちらに目を向けることができるようになる。このような現象は「共同注意（joint attention）」とよばれ、他者のモデルを推定するうえで重要であると言われている。また、「社会脳仮説」とよばれる仮説によれば、こうした他者の意図推定、お互いの意図の読み合いこそが、人間の脳を進化させた主要因だとされる。

◆1 この後の話に興味がある人は、下記の書籍を確認いただきたい。ここでは、あくまで人狼ゲームに関係する再帰的な理解に絞って話を続ける。『母性と社会性の起源（岩波講座 コミュニケーションの認知科学 第3巻）』(開一夫・安西祐一郎・今井むつみ・入來篤史・梅田聡・片山容一・亀田達也・山岸俊男, 岩波書店, 2014)

■情報の戦争

ふたたび可能世界の観点から人狼ゲームを捉えてみよう。たとえば、ある状況に対して可能世界が一つしかない、というのはどういうことだろうか。可能世界を導くための論理が間違っていない限り、可能世界が一つに絞られているということは、真実にたどり着いていることを意味する。これは、すべての役職が公開されている場合と同義である。この状態では、人狼とわかっているプレイヤーを追放すればよいので、村人は勝利し、人狼は敗北する。通常は可能世界が絞られていないため、プレイヤーは人狼が人狼でない状況も想定して行動しなければならない。

可能世界は、ゲームの進行とともに変化する。たとえば、村人陣営のプレイヤーは嘘をつかないという前提で各々が役職を宣言したとき、「占い師」が1人しか出てこなければ、その人が占い師である可能世界しか存在しないことになる。

逆に、人狼陣営のプレイヤーが「占い師」であるとして出てくると、n 人（$n \geq 2$）の占い師が混在することになる。この場合、占い師についての可能世界は n 通り存在する。

このように、村人陣営にとっては可能世界を狭め、正しい解を導いていくことが重要となり、逆に人狼陣営にとっては、村人の想定する可能世界を広げていき、間違った解に誘導する、あるいは一つに絞らせないよう誘導することが求められる。

4.2.2　可能世界とライン推理

ここまで、様相論理と可能世界論を使って人狼ゲーム上での推理や説得を読み解いてきた。人狼ゲームを遊んだことのある読者のなかには、実際にそんなことを意識してプレイしていないという方や、それがどう勝敗にかかわるかいま一つわからない、という方もおられると思う。

ここで、様相論理が人狼のセオリーともつながっていることを示すために、人狼ゲームのプレイヤーの間では知られている「ライン推理」「ライン考察」とよばれる戦略を紹介しよう。

■ライン推理

ライン推理というのは、たとえば職場・サークルに隠れたカップルを見つけるような推理法である。たとえば、Aさんが映画に行ったとして、誰か相手がいるかどうかはわからない。同様にBさんが映画に行ったとしても、それだけでは情報が手に入らない。しかしAさんとBさんが、同時刻に同じ映画館で同じ映画を観ていた、とすれば、これは両者の関係の親密さを示す大きな手がかりとなるだろう◆1。こうしたライン推理は（人間が意識しているかどうかにかかわらず）、お互いに相手の可能世界を考察する能力をもっていることを前提とした推論である。

人狼ゲームにおけるライン推理では、占い師や霊媒師、人狼や裏切り者といった役職どうしの組み合わせを考えて、あり得る可能な世界を検討する。たとえば、2人の占い師A・Bと2人の霊媒師C・Dが出ているときに、AとBが共通のXを占って結果が「A：人間◆2」と「B：人狼」に分かれたとする。話を簡単にするため、村人陣営の人間は役職宣言・結果に嘘をつかず、隠れた占い師、霊媒師はおらず、この人狼では裏切り者がいない（＝嘘をつくのは人狼のみ）と考えよう。そうすると、この場面での可能世界は以下のとおりである◆3。

占いA：「Xは人間」
占いB：「Xは人狼」
↓

	A	B	C	D
可能世界1	占い師	人狼	霊媒師	人狼
可能世界2	占い師	人狼	人狼	霊媒師
可能世界3	人狼	占い師	霊媒師	人狼
可能世界4	人狼	占い師	人狼	霊媒師

このとき、対象の人物Xを追放して、その結果がCとDとの間で「C：人間」と「D：人狼」と分かれたとする。その場合、A・Cの占い師・霊媒師コンビと、B・Dの占い師・霊媒師コンビは、片方が本物であれば、もう片方も

◆1 日常生活におけるこうした推論を勧めているわけではない。
◆2 村人陣営と裏切り者をまとめて「人間」とする。
◆3 この5人以外にも生存プレイヤーは存在すると仮定する。

本物と考えられる。

占いA：「Xは人間」
占いB：「Xは人狼」
霊媒C：「Xは人間」
霊媒D：「Xは人狼」

	A	B	C	D
可能世界1	占い師	人狼	霊媒師	人狼
可能世界4	人狼	占い師	人狼	霊媒師

　このようにA・CとB・Dのどちらかが村側陣営であり、どちらかが人狼陣営であるというふうに可能性が絞られている。この状態を「AとCにラインがある」「BとDにラインがある」と言う。この場合、Aが人狼であるならCは人狼である。よってたとえば「Aが人狼だとしたら、Cの結果通知が遅かったのは、Aと結果を揃えるか迷っていたからではないか」というように、プレイヤーの他の行動をもとに推理を広げることが可能になってくる。

　また、たとえばこの状態でBが人狼だとして、Bの行動に怪しいことがなくても、Dが怪しい行動をとれば、Bも人狼である可能性が高くなる。いわば、芋づる式に人狼を発見できるわけである。以上の理由から、ラインを基準に置いた考察は有用である。

　たとえば第1回人狼知能大会で1位を取ったチーム「饂飩」の作戦は、人狼単独ではなく、複数の人狼によるものと思われるような行動を推測し、その情報を重ね合わせることで人狼を見つけていくというものであった。また、ライン推理の一種として、「AとBは人狼ではない」という推理を積み重ねていき、消去法で人狼らしい組み合わせを見つけていく、というやり方も存在する。

■ライン切り
　ライン推理は、単独の行動だけではなく、複数人の行動を手がかりとする。これは、人狼ゲームとして初心者の域を脱したプレイヤーが行う行動である。しかし上級者になると、相手がこのようなライン推理を行うことを前提に、わ

ざと人狼どうしで争うような行動を見せることも可能となる。これはラインを切る行動とよばれる。

たとえば上記例で、BとDが人狼で、Xは人間だったとしよう。実際にはDが「Xは人狼」と告げたわけだが、ここでもしDが「Xは人間」と告げたら、どうなるだろうか。この場合、霊媒師2人がいずれもXは人間と宣言しており、他に霊媒師はいないのだから、Bの結果は確実に間違っていることになる。したがって、誰から見てもBが偽者となる可能世界しか残らない。

占いA：「Xは人間」
占いB：「Xは人狼」
霊媒C：「Xは人間」
霊媒D：「Xは人間」

	A	B	C	D
可能世界1	占い師	人狼	霊媒師	人狼
可能世界2	占い師	人狼	人狼	霊媒師

この場合、Aが占い師、Bが人狼と確定してしまうため、一見人狼にはかなり不利な状況になるように見える。しかしこの場合、CとDの真偽はわからない。したがって、ラインは発生していない。このような手をライン切りとよび、人狼DがBを切り捨ててしまっており、人狼陣営が一見不利に陥っているように見えるが、仮に村から見たBの信頼度が低く、CとDの区別が村人につけられていない場合には、むしろ有効な手となり得ることもある。

芋づる式に推理されるのを避けるため、疑われているプレイヤーを「トカゲのしっぽ切り」してしまおう、というこの手は、一見冷たい手段に見える。また、確定の人狼をつくってしまうことは、村側に大きな手がかりを与えてしまう。将来的に、村人を欺くための狼側の人数が足りなくなるという危険もある。しかし、人狼はチーム戦であり、人狼陣営は誰か1人が生き残れば勝利することが可能である（上記例では、Bが人狼として確定で追放されてしまっても、Dさえ生き残ればBも勝てるのだ）。そこで応用手として、2人の人狼がいずれも占い師としてCOし、そのうち1人が本物とラインをつなぎにいく、と

いうようなプレイスタイル（ライン偽装）もある。

　初心者・中級者のうちは、とくに仲間を危険にさらすような行為を心理的にも取りづらい。また、そのような考え方を相手に投射し、相手もそうしているだろうと考える（これもまた、一種のライン推理と言える）。しかし慣れた上級者が行うライン切りは、上記のような推測を砕くため、たいへん大きな効果を生む。

■まとめ

　人狼ゲームをプレイするための知能に必要な要件として、本節では様相論理と可能世界論の立場から、各プレイヤーの推論の過程を述べた。人工知能がこうした推論を扱えるようになれば、従来プレイヤーがやっていたライン推理のような戦略が可能になってくると思われる。また、人工知能が人間が生み出したことのない新しい戦略を見つけ、それが人間どうしのプレイに反映されることも考えられるだろう。そして、相手の意図をモデル化する「知能」は、人狼ゲームだけではなく、広く応用可能であり、様相論理と可能世界論を軸にした推論を身につけた人工知能が、私たちの生活をよりよくサポートしてくれるのではないかと期待したい。

第 5 章

人間どうしによるプレイの解析

人狼知能の研究はまだ始まったばかりだが、そもそも「人狼ゲームとはどんなゲームなのか」についても、まだ十分に明確にはなっていない。そこで本章では、人狼知能を作成するために参考となる情報を人狼ゲームのプレイログから見つけ出す試みについて紹介しよう。これらの結果は人狼知能作成時に参考になるだけではなく、人狼というゲームの本質を理解することにも役立つ。人狼知能をつくるつもりがなくても、人狼をプレイするのが好きな読者にとっては、プレイ時の参考となるような情報も多いだろう。本章は、人狼ゲームの上達を目指す人にも楽しんでもらえるだろう。

5.1 人狼とはいかなるゲームなのか
　　〜 BBS 人狼のプレイログデータから見えてくるもの〜

　人狼ゲームのログは、さまざまなプレイヤーがゲームに挑み、戦略を編み出し、思考した過程の結晶であり、人狼ゲームとはどんなゲームであるのかについての知識が詰まった宝箱である。このログを使って、まずは人狼ゲームが単に運に左右されるゲームなのか、それともゲームを続けることでコツをつかめるのか、つまり熟達が可能なのかを検討する。続いて、人狼ゲームにおける各

役職がゲームの勝敗に与える影響や、人狼ゲームにおいてどのようなコミュニケーションが求められているかを分析してみよう。

人狼BBSは、誰もが参加可能なWebゲームとして公開されている。図5.1は、とあるゲームの1シーンである。人狼BBSでは、1回のゲームは9名〜15名で行われ、ゲーム内の時間はリアルタイムで進行し、つまりゲーム内の1日は現実の1日に相当する。そのため、1回のゲームにはおよそ1週間程度かかることになる。分析に使用したデータの概要を表5.1に示す。

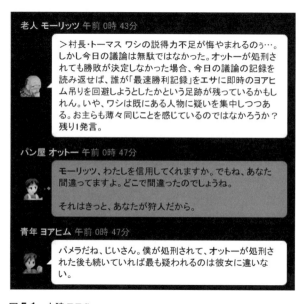

図 5.1　人狼 BBS

表 5.1　基本データ

総ゲーム数	4,778 回
総プレイヤー数	14,416 人
平均ゲーム終了日数	8.4 日
平均参加プレイヤー数	15.5 人
村人陣営の勝率	59.50%
平均プレイ回数	8.58 回

5.2　人狼ゲームの基本的行動の学習可能性

まず、人狼ゲームの学習可能性について調べてみよう。この学習可能性は、人工知能にプレイさせようという試みを成り立たせる前提条件である。なぜなら、もし人狼がじゃんけんのように学習する意味のないゲームだとすれば、人工知能研究の対象としては不向きであり、我々人狼知能プロジェクトもいますぐ解散したほうがよいことになってしまうからだ。

そこで、まず掲示板型人狼ゲーム「人狼BBS」で実際に行われた人狼ゲームのプレイログの分析を行った。人狼ゲームにおけるプレイヤーの経験とそのプレイに注目することで、人狼ゲームの学習可能性について考えてみよう。

5.2.1　人狼BBSにおけるプレイヤーの経験による行動の変化

経験によるプレイヤーのプレイの違いを見るために、まずプレイヤーを初心者、中級者、上級者に分けることにしよう。以降、プレイ回数3回未満のプレイヤーを初心者、3〜9回のプレイヤーを中級者、10回以上プレイしているプレイヤーを上級者として、それぞれについてプレイスキルがどのように変化したかを分析する。

■チームメンバーの経験と勝率の変化

人狼のプレイヤーは、人狼ゲームをプレイするごとに「うまく」なっているのだろうか。もし、プレイ回数が増えるほど勝率が上昇するならば、人狼ゲームが学習可能なゲームであると言えるだろう。ただし、人狼ゲームは多人数で行い、1人ひとりのプレイヤーが勝利に貢献する度合いは少ない。そこで、「人狼ゲームを多くプレイしたユーザが存在するチームが勝利しやすいか」によって、学習可能性を評価することにしよう。つまり、ベテランチームと初心者チームが戦ったらちゃんとベテランチームが勝つ確率が高くなるかどうか、ということである◆1。

◆1　ベテランと初心者が戦ったらベテランが勝つのが当たり前のように思われるかもしれないが、じゃんけんなどのゲームではそんなことはない。

ここで、まず村人陣営、人狼陣営それぞれのベテラン率 V_v, V_w を以下のように定義しよう。

$$V_v = P_v / P_w \quad \cdots\cdots \quad 村人陣営のベテラン率$$
$$V_w = P_w / P_v \quad \cdots\cdots \quad 人狼陣営のベテラン率$$

ここで、P_v は村人陣営プレイヤーの平均プレイ回数、P_w は人狼陣営プレイヤーの平均プレイ回数である。すなわち、$V_v > 1$ であれば、村人陣営のプレイヤーのほうが人狼陣営のプレイヤーよりも平均してプレイ回数が多いことを意味する。

この指標を使えば、村人陣営と人狼陣営で平均のプレイ回数が多いほうが強いのかを確認することができる。

図 5.2、図 5.3 は、このようにして計算した村人ベテラン率、人狼ベテラン率を横軸に、縦軸に人狼陣営、村人陣営の勝率を示している。点が上にあるほど、勝率が高いことを示している。

村人陣営、人狼陣営いずれにおいても、ベテラン率が高くなるにつれ勝率が増加していることがわかる。つまり、チームのプレイヤーの平均ゲーム経験数が多いほうが、より勝率が高まる。

それぞれの近似曲線を算出すると、村人陣営での勝率 W_v と人狼陣営での勝率 W_w は

$$W_v = 0.0773 \ln V_v + 0.5961$$
$$W_w = 0.091 \ln V_w + 0.3973$$

である。ちなみに、人狼陣営と村人陣営に経験の差がないとき、村人陣営の勝率が $W_w = 59.61\%$ となり、これは村人陣営の平均勝率とだいたい一致する。

以上より、各陣営の経験の差が勝率の差に影響を与えることが明らかとなった。つまり、経験が高いほど勝率が上昇すると言え、人狼は経験によってうまくなるゲームであると言えるだろう◆1。

◆1 プレイすれば強くなるということは、最初の 1 回プレイして負けたことで、つまらなく感じてやめてしまうのはもったいない、とも言えるだろう。

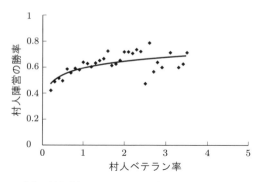

図 5.2 村人陣営のベテラン率と勝率

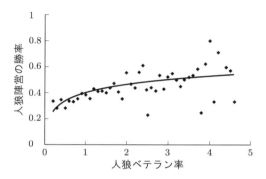

図 5.3 人狼陣営のベテラン率と勝率

5.2.2 個人の経験とプレイスキルの変化

　プレイヤーの経験が豊富な陣営のほうが勝率が高いことはわかったところで、どのようなプレイが勝率に影響しているのかを分析しよう。一体何が上級者の勝率を支えているのだろうか？　ここでは、職業ごとのスキルを利用した場合の成功率に変化があるのではないかと考え、ゲームのプレイ回数と各スキルの成功率を比較してみる。

■人狼占い率の変化

　占い師は、1日に1人のプレイヤーについて人狼かどうかを知ることができる。もし、人狼を当てることができれば村人陣営にとってかなり有利である。人狼ゲームの上手なプレイヤーはことごとく人狼プレイヤーを占って、人狼を

当てていくように思えるが◆1、はたして、経験を積めば人狼は見つけやすくなるのだろうか？　経験が多いユーザほど人狼を当てる能力が高いかどうかを確認してみよう。

図5.4は横軸にプレイヤーのスキルを、縦軸に人狼を占う確率を示したものである。これを見る限り、経験による変化はほとんど見られない。初心者、中級者、上級者いずれの間にも偶然ではない、と言えるほど差◆2は見られなかった。

つまり、占いによって人狼を当てる能力が経験によって変化するわけではないようである。もっとも、たとえ占いによって人狼が見つからなくても「人狼ではない」という情報が増えることは村人陣営にとっては有利である。その意味では、占い師が人狼を見つけることが必ずしも重要ではないのかもしれない。

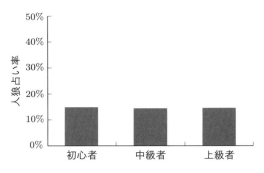

図 **5.4**　人狼占い率

■護衛成功率の変化

次に、狩人のスキルについて見てみよう。狩人は1日に1人を密かに護衛することができる。護衛されているプレイヤーは人狼に襲撃されても生き延びることが可能である。うまく人狼が狙ってくるプレイヤーを護衛することができれば、村人陣営の人数を減らすことなく人狼プレイヤーを追放できるため、村人プレイヤーにとっては有利である。

◆1　なお、人狼が下手な筆者が効率的に人狼を見つけることができた経験はほぼ皆無である。
◆2　専門用語で「統計的に有意か検定する」と言う。こうした専門用語を、今度人狼ゲームをプレイする際に使ってみると説得力が増して聞こえるかもしれない。

それでは、経験が多いユーザほど襲撃されるプレイヤーを当て、護衛に成功する可能性が高いのだろうか？　図5.5は横軸に狩人のプレイ回数を、縦軸に襲撃からプレイヤーを守った確率（＝護衛成功率）を示したものである。これを見ると、上級者になるにつれて護衛成功率が上昇していることがわかる。統計的にも初心者と上級者の間の差は偶然ではないことが確認された。

初心者と上級者での成功確率の差は3.9ポイントであり、経験の高いプレイヤーが狩人を務めたほうが勝利に貢献できることが示された。経験が多いプレイヤーであれば当然人狼陣営でプレイしたことも多く、その経験から人狼の心を読めるようになるのかもしれない。とはいえ、狩人の護衛成功率は20％程度であるから、上級者が狩人だからといって過度の期待は禁物である。

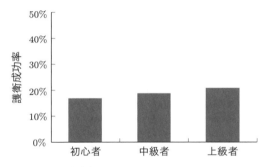

図 5.5　護衛成功率

■人狼への投票率の変化

次に、プレイ回数と投票成功率の関係を見てみよう。投票は村から人狼と疑わしい人物を追放するために行われるものである。最も多くの得票を得たプレイヤーは村から追放されることになるわけだが、村人が人狼を退治するための手段はこの追放しかないため、投票の際に人狼を指定することは非常に重要である。そこで、人狼を見破り、追放することに対し経験は生かされるのかを確認した。

図5.6に投票時に人狼に一票を投じる確率が経験によってどう変化したかを示す。なお、データ取得の際に人狼自身の投票はカウントしていない。

この結果から、わずかではあるが上級者のほうが人狼に投票している可能性

が高そうである。そこで、確かに差があるかどうかを調べたところ、初心者と中級者、初心者と上級者の間には差があること、すなわち、経験が多いプレイヤーのほうが人狼に一票投じる可能性が高いことが明らかとなった。ただし、人狼に投票する確率は初心者が 38.3%、上級者が 39.5% と正解率はわずかに 1.2 ポイントしか上昇しておらず、確かに差はあるがその効果はごく小さい。つまり、上級者となっても人狼を的確に追放することができるようになるわけではないようである。

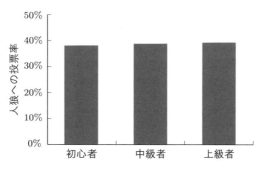

図 5.6　人狼への投票率

　以上、占い師、狩人というゲームを大きく左右する能力をもつプレイヤーと、追放のための投票という三つのポイントについて経験の効果を確認した。その結果、

- 占い師が人狼を占う確率は経験による変化がほとんどない
- 狩人は経験によって護衛確率が上昇する
- 投票成功率はごくわずか上昇する

ことが明らかとなった。経験が向上することで勝率は向上するが、それは個々の直接勝因に結びつくような行動の精度向上によるものではない。すなわち、嘘や真実を見抜く力が経験によって培われたわけではないようである。

5.2.3　集団性の効果

　次に、個人の経験ではなく、集団としての経験が行動に与える影響について見る。人狼 BBS において、占い先や投票先などの決定は議論によって行われ

ることが多い。そのため、経験豊富な仲間がいることによって、占いや投票の精度が向上すると期待される◆1。

そこで、村人の平均プレイ数が、1〜2回のとき初心者集団、3〜9回のとき中級者集団、10回以上のときを上級者集団とし、それぞれで占い先、投票先に人狼を指定する割合がどのように変化したかを確認した。

■人狼占い率の変化

まず、占い師が人狼を占う確率について図 5.7 に示す。この結果を見ると、初心者集団でも上級者集団でも、占い成功率には大きな差はない。初心者集団よりは中級者、上級者集団のほうが精度が良いようにも見えるが、統計的な差は確認できず、偶然である可能性は排除できなかった。したがって、個人の経験と人狼占い率を調べた際と同様に、人狼占い率はプレイヤーのスキルによって上昇するとは言えないことがわかった。

これは、初心者の方にとって朗報かもしれない。人狼を占いで見つけられなくても安心しよう。上級者が続々と人狼を見つけていたとしても、それは偶然ではないとは言えないことが統計的に明らかになったのだから◆2。

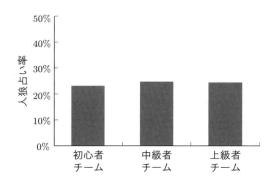

図 **5.7** チーム全体の経験と占い成功率

◆1 護衛については、人狼陣営が護衛先を知るとそこを避けて襲撃されるため、議論によって決定されることは少ない。
◆2 少なくとも筆者は安心した。

■人狼への投票率の変化

次に、投票の精度に対して村人陣営の経験がどう影響しているかを図 5.8 に示す。投票の精度とは、人狼以外のプレイヤーが人狼に投票した割合である。ここから、プレイヤーのスキルが上がるごとに、投票の精度が向上していることがわかる。初心者と中級者、上級者との精度には統計的に差があることが示され、偶然の結果ではないと言える。

投票行動の精度については、個人でも上級者は有意に初級者よりも精度が高かったが、その精度自体の上昇は非常に小さかった。一方、集団としてのスキルを見ると、初心者集団と中級者集団では 27% から 29.7% に、中級者集団と上級者集団では 29.7% から 31.8% に増加しており、集団のスキルが高い場合、投票で人狼を見つける能力が向上していることが明らかとなった。

これは、個人でよりも集団でのほうが人狼を見つけやすく、また、そこでは経験がものいうことを意味していると言えるだろう。ベテラン集団になるほど、コミュニケーションによって狙いを定めるのがうまくなるのかもしれない。一方、初心者は他のベテランプレイヤーの意見に従えば人狼に投票しやすいかもしれない。もっとも、従った相手が人狼陣営だったら目も当てられないが。

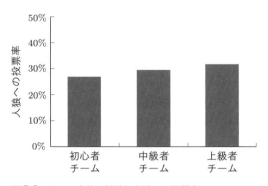

図 5.8 チーム全体の経験と人狼への投票率

■まとめ

さて、本節では経験とゲームプレイの関係についてデータを分析した。その結果わかったことは以下のとおりである。

- プレイヤーの経験が多い陣営のほうが勝率が高い。つまり、経験が勝率に影響を与えている。
- 占いの成功率は、個人レベルでは経験による違いはほとんどない。
- 護衛成功率は、経験によって差がある。
- 人狼への投票率は個人レベルの経験による違いはあまりない。
- 経験が多いプレイヤーが集まった陣営では、占い成功率・人狼への投票率ともに上昇する。つまり、集団の効果は大きい。

ここから、経験が勝率の向上に結びついているのは、勘が良くなったり他人の言動から嘘を見破る能力が直接向上したりするわけではなく、対話の誘導であったり、説得であったりといった能力が向上しているのではないかと推測される。とくに、投票行動については1人だけ正しい投票を行っても勝利には結びつかないため、他人を説得して自分が信じる方向へ導くことが重要である。たとえば、占い師が人狼を見破った次の投票時に当該の人狼に票が集まれば、当の占い師の説得力が高かったと言えるだろう。

これらの結果は、他人の意見を聞いてその真偽を計るだけの人工知能では、人狼ゲームに勝利することは難しく、自分の意見を他人に納得させるための「説得力」を有する人狼知能を開発する必要性があることを示唆している。

5.3 役職の強さの推定

人狼ゲームではさまざまな役職が存在し、その特殊能力はゲームの勝敗に大きく影響している。では、そのなかでとくに影響度の大きな役職はあるのだろうか。

ここでは、各役職の強さ、すなわちその役職の存在がゲームの勝敗にどの程度影響を与えるかを定量化し、その値を用いて役職の構成と勝率の関係を推定してみよう。

役職の強さは、どのプレイヤーを生き残らせ、誰を追放するかを決める指針になるため、人狼知能の戦略を構築するうえで有用な情報となり得る。また、人狼ゲームをどのような役職構成で開始したとき、どちらの陣営がどの程度有

利かということもほとんど知られていない。これが明らかになれば、エージェントの効率的な学習のために有用な情報となり得る。たとえば、ゲームの勝敗にもとづいて学習を行う人狼知能を仮定したとき、困難な条件で開始したゲームに勝利した場合と、楽な条件で勝利した場合とで、適切に重みを変化させることで、学習効率が大きく向上する可能性がある。

こうした知見はまた、人狼ゲームで重要な役職に就いた際、自分が追放されないように説得する材料にもなるだろう。

■ロジスティック回帰による役職の影響度の分析

各役職の勝敗への影響度は、ゲームのある時点の役職構成と、そのゲームの結果の関係を分析することで求めることができる。BBS人狼ではゲームは決められた役職構成で開始されるが、プレイヤーは追放、あるいは襲撃され、ゲームから除外されていく。そのため、ゲームが進行していくにつれて役職構成は次々と変わっていく。しかし、役職構成のパターンはそれほど多くないため、同一の役職構成がログデータ中に幾度も出現する。たとえば、「人狼が1人、村人が3人」という状況となったゲームはログデータ中に複数存在する。同じく、この状況から村人1名が占い師に変わった「人狼が1人、村人が2人、占い師が1人」という状況も複数存在する。ここで、そのような状況が生じたゲームをすべて集め、それらの最終的な勝敗を集計して比較することで、役職（この例の場合では村人と占い師）の勝敗への影響度の大小が分析できる。仮に、後者のほうが人間側の勝率が高い場合、村人よりも占い師のほうが人間側勝利への影響度が高いということが言える。また、占い師ではなく霊媒師や狩人の場合、さらには多くの役職が入り混じった状態どうしで比較することで、役職の影響度の大小関係を求めることができる。

今回の分析では、役職の強さの計算のため、ロジスティック回帰◆1を用いる。ロジスティック回帰は、たとえば肺がんの発症率を予測するといったことに使える統計手法である。1人ひとりの年齢、アルコールの平均摂取量、喫煙の頻度などのデータ（「説明変数」と言う）と、実際にその人が肺がんを発症したのか（「被説明変数」）というデータを大量に収集し、ロジスティック回帰によ

◆1 説明変数とよばれるパラメータから、なんらかの事象に関する発生確率を予測するための手法。

り分析すると、どのような項目がどの程度肺がんの発症率に影響するかということを知ることができる。役職の強さの分析では、この例における年齢やアルコールの平均摂取量に当たる説明変数を各役職の人数、肺がんの発症の有無に当たる被説明変数をゲームの最終的な勝敗とし、ロジスティック回帰分析を適用する。こうすることで、どの役職がどの程度勝敗に影響を与えるか、すなわち役職の強さを定量化することができるのである。

■ ログデータの分析結果

分析には、人狼 BBS で行われた 1,571 ゲーム、延べ 14,139 日分のデータを用いて、役職の強さを推定した。結果を表 5.2 に示す。

表 5.2

役職	回帰係数
切片（α）	0.509
村人	0.096
占い師	1.219
霊媒師	0.423
狩人	0.743
人狼	−1.087
裏切り者	−0.435

表の回帰係数を各役職の強さとみなすことができる[1]。その値が大きければ大きいほど村人陣営の勝利への影響度が大きく、小さければ小さいほど人狼陣営の勝利への影響度が大きいことを意味する。また、その絶対値を比較することで、別陣営の役職の強さを比較することもできる。回帰係数は強力な特殊能力をもつ「占い師」と「狩人」がとくに大きな値となっており、村人陣営の勝利に大きく貢献していることがわかる。人狼の正体がわかる占い師と、人狼の襲撃からプレイヤーを守ることができる狩人は村人陣営の勝利に大きく影響していると考えられ、この結果は妥当な結果であると言える。霊媒師と共有者は特殊能力をもつものの、占い師・狩人よりも影響が小さい役職であるということは経験的にも明らかであり、妥当な結果である。また、人狼と裏切り者は負の値になっていること、つまり人狼陣営の勝利に貢献していることも確認できる。

[1] P 値はすべて 0.001 以下であった。すなわち、回帰係数の値は統計的に有意であった。

■役職の強さを用いた戦略の分析

求めた役職の強さは、人狼知能の学習に有効であるというのは先に述べたとおりであるが、私たちが人狼をプレイする際の戦略にも、いくつか有用な示唆を与えてくれる。以下ではいくつかの例を示そう。

■ 人狼と占い師の相打ち

自分が人狼で占い師 CO をし、さらに本物の占い師も CO している状態であるとしよう。この状況で本物の占い師を襲撃した場合、残ったほうの占い師である自分は怪しまれてしまうため、近々追放される可能性が高い。さて、このようなとき、本物の占い師を襲撃すべきであろうか。役職の強さの値から考えると、答えは YES である。なぜなら、人狼と占い師の強さの値の絶対値を比較すると、占い師のほうが絶対値が大きいからである。すなわち、相打ちになったとしても、人狼のほうに分があるということになるのである。

■ 狩人の護衛先

自分が狩人で、占い師が 2 人、霊媒師が 1 人 CO している。霊媒師は 1 人しか CO しておらず、おそらく本物であると考えられる。さて、このような状況のとき、狩人は誰を護衛すべきだろうか。有力な選択肢としては、

(1) 偽占い師を護衛してしまう可能性があるが、占い師のどちらかを護衛する
(2) どちらが本物の占い師であるか知るため、霊媒師を護衛する

の二つが考えられる。この状況の場合、役職の強さから考えると、護衛すべきは占い師である。なぜなら占い師は全役職中、最強の役職であり、村人陣営の勝利に最も大きく影響する役職であるためである。役職の強さを用いて勝率を計算してみるとその大きさがわかる。たとえば、人狼知能大会でも採用されている 15 人村において、最初に村人 2 人が追放と襲撃でゲームから除外されて 13 人になった場合の村人陣営の勝率は約 44% であるが、最初に村人と占い師が除外された場合の勝率は、なんと約 21% にまで低下する（ちなみに村人と霊媒師が除外された場合の勝率は約 37%）。もちろん、占い師を護衛先に選んだとしても、その占い師が偽者で、本物の占い師が襲撃されてしまう可能性はある。しかし、最悪の状況を回避するための最も効果的な選択が占い師の護衛であることは間違いない。

■まとめ

本節では、人狼 BBS のデータに対してロジスティック回帰を用いて分析を行うことで、役職の強さを推定した。ここでの強さとは、その役職のプレイヤーがゲーム中に存在している場合と追放されている場合を比べ、どの程度最終的な勝敗に影響を与えるかを示す値である。その結果、以下の 3 点が明らかとなった。

- 村人陣営では占い師と狩人が他の役職と比べ強い役職である
- とくに、占い師は人狼よりも強いゲーム中最強の役職であり、村人陣営としては、占い師をいかに生存させるかが勝敗を大きく左右する
- 人狼はもちろん、裏切り者も人狼側の勝利に貢献しており、裏切り者の強さは霊媒師とほぼ同じである

5.4 勝つための議論

人狼ゲームにおいては、ゲーム中に何を話すのかということが極めて重要である。話す内容によって、そのプレイヤーに対する周りの行動も変わってくる。そこで、どのようなことを話すプレイヤーが追放されやすいか、もしくは人狼に襲撃されやすいのか、さらには全体としてどんな話し合いを行った陣営が勝ちやすいのかなどを、ログをもとに考察した。ここでは、その一連の分析について紹介しよう。

まず最初に、各プレイヤーの発話の内容を分類するため、ゲーム中の発話すべてに対して「タグ」を付与した（図 5.9）。タグの設定は人手で行った。自分の役職を表明した「カミングアウト」、占い先や占い結果に関する「占い」、追放のための投票先に関する「投票」などがタグの例である。各発話には最低 1 個のタグを付与することとし、一つの発話に複数のタグを付与することも許すことにした。

分析のため、人狼陣営が勝利した 12 ゲーム、村人陣営が勝利した 12 ゲームの合計 24 ゲームのすべての発話、19,263 個の発話に対し、36,571 個のタグを人手で付与した。これらのタグを用いた議論の分析の結果、勝つために一プレイヤーとしてどのような話をすべきか、またチームとしてどんな話し合い

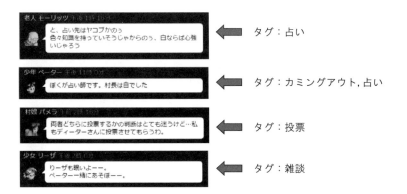

図 5.9　発話に付与されたタグ

をするべきか、ということがデータを通して明らかとなった。以降ではそれぞれについて説明していこう。

■襲撃を受けやすい話題

はじめに、人狼から襲撃を受けたプレイヤーが、その日の昼にどのような発言を多く行っていたのかを分析した。その結果、襲撃されたプレイヤーは、

- 他のプレイヤーに疑いをかける発話
- 追放するプレイヤーを誰にするかについての発話

がとくに多いことが判明した。

つまり、より長く生き残るためには、人狼を探そうとしないほうがよい……かといえば、もちろんそんなわけにはいかない。そこで、村人陣営の勝利という観点から考えてみよう。前の章でも述べたように、占い師や狩人は村人陣営の勝利に大きく貢献できる役職である。そのような役職の人は長くゲームに参加していることが重要であるため、襲撃対象にならないことが大事である。そこで、そのような役職持ちになった場合、他のプレイヤーに疑いをかける発言は控えたほうがいいだろう。逆に役職無しの村人となったプレイヤーは、他のプレイヤーの反応を探ったり、あえて人狼からの襲撃を誘ったりすることで、役職持ちのプレイヤーの盾となることが効果的であると言えるだろう。

■追放されやすい話題

　次に、追放されたプレイヤーについても同じく、その日の昼にどのような発言を多く行っていたのかを分析した。その結果、ゲームと関係ない話題、つまり雑談を多くしているプレイヤーが追放されやすいことがわかった。つまり、議論に参加せず、ゲームと関係ない雑談ばかりしているプレイヤーは、議論を進めるのに邪魔であるという印象をもたれてしまう危険性があるということである。さらには、「人狼陣営だから真面目な議論をさせないようにしているんだろう」という疑いをかけられたというのも原因の一つだろう。とくに、ヒントの少ないゲーム序盤では、こういった印象の良し悪しによって投票先を決めることも多いため、無駄話をしたばっかりに……ということにもなりかねないので注意が必要だ。

■村人陣営で勝つための方針

　ここまではプレイヤーごとの発話について見てきたが、村全体としてはどういったことを中心に話し合えば勝利につながるのであろうか。ここからは、陣営ごとに発話内容の分析をした結果を見ていこう。

　まず、村人陣営が勝利したゲームと、人狼陣営が勝利したゲームについて、村人陣営のプレイヤーの話した内容について比較してみた。すると、村人陣営が勝利したゲームのほうが、占いに関する発言が多いことが明らかとなった。占い師が村人陣営の勝利にとって極めて重要な役職であることはこれまで述べてきたとおりであり、村人陣営としていかに占い師を活用するかが勝敗を分けるのである。そのためにも、村人陣営が勝利するためには占い先や占い結果についてよく議論することが重要であると言えるだろう。

■人狼陣営で勝つための方針

　一方、人狼陣営が勝利するためには、その逆を行えばよい。すなわち、占い先や占い結果についての議論をなるべくさせないように議論を邪魔すればよいということである。ただし、ここで思い出してほしいのが、雑談ばかりしていると追放されやすくなるという、さきに述べた分析結果である。したがって、議論を邪魔する場合には、占い以外のゲームに関係のある話題を持ち出し、そ

の方向に議論を誘導するのがよい。

　では、どんな内容について議論を誘導すべきか。そこで、人狼陣営が勝利したゲームと敗北したゲームとで人狼陣営のプレイヤーが話した内容について比較を行った。すると、人狼陣営が勝利したゲームのほうが、敗北したゲームに比べ他のプレイヤーに疑いをかける発話と、誰を追放するかに関する発話の量が多いことが判明した。つまり、人狼陣営としては、村人陣営のプレイヤーに対し、積極的に疑いをかけていくことが勝利のために重要なのである。さらには、誰が怪しいかという話を行うことで、占いに関する議論に割く時間も短くすることができるため、一石二鳥の戦略であると言える。

5.5　本章のまとめ

　以上、人狼 BBS のログデータ三つの観点からを分析した。わかったことは以下の三つである。

- 人狼ゲームは経験によってスキルが向上する。つまり学習可能である。
- 役職によって重要さが大きく異なる。
- どうコミュニケーションをするかがゲームの勝敗に大きく影響し、勝つために有効な話題とそうでない話題が存在する。

　これらの結果は、人狼ゲームとはどういうゲームなのかということを理解することに役立つだけではなく、人狼知能を実現するための重要なヒントとなるだろう。

　本章では、人狼 BBS のログデータを使った分析を行ってきたが、もし研究のために、本章で紹介されていた技術を利用したいという場合は、遠慮なく人狼知能プロジェクトまでご連絡いただきたい。人狼 BBS 管理者の ninjin 氏のご厚意により、最新のログデータまで提供することが可能である。人狼知能作成だけではなく、人狼というゲームの性質を知るため、そして人狼に強くなるためにも参考になるデータだろう。

コラム　5人人狼

　筆者らは、「5人人狼」というゲーム設定を開発し、研究対象として採用している[片上 14]◆1 [Kobayashi 14]◆2。これは、プレイヤーを5名に限定することで人狼の魅力を凝縮した、少人数制の人狼である。いわば詰め将棋の人狼版とも言えるものである。

　役職は、人狼、裏切り者、占い師、村人2名であり、初日の夜に占い師が1人を占ったところからスタートする。昼に3分〜5分の議論を行い、1日もしくは2日で終わるので、ゲーム自体は10分〜20分ほどで終わってしまう。しかし、この簡単な設定においてもさまざまな可能性が考えられ、また、どの可能性も五分五分の状況が多いうえに、一度の失敗も許されない。村人も含めて5名がフルに頭を悩ませる点で、高いエンターテイメント性をも備えたゲーム設定となる。この設定独自の戦略も存在する。たとえば、この5人人狼において、真の占い師が、実際には占っていない村人Aに対して「Aを占った結果人狼でした」と言うことによって、村人陣営が勝利に近づくという、通常の人狼ではあり得ない戦略が生まれることを発見した。

　この5人人狼は、最短で1日、最長で2日で終わるゲーム設定である。ここで、先ほどの、真の占い師が嘘をつくケースを考えてみる。自分以外の4名をそれぞれA、B、C、Dとして、真の占い師はBを占ったとする。以下二つに分けて考える。

1. Bが人狼であった場合：

　Bを占った結果、たまたま占い先が人狼であったケース。初日に占い師COして、ここで実際に占ったBではなく、あえて占っていないA（B以外の誰でもよいが、ここでは、それをAとする）を指定し「Aを占った結果人狼でした」と発言する。Aは実際には占っていないため、村陣営に対しては嘘をつくことになる。これにより、自分はBが人狼であることはわかっているが、Aを追放することを強く主張することになる。もし、このCOがうまくいってAが追放された場合、2日目にゲームが終わるはずが終わらないため、人狼視点で見ると、自分以外を占った占い師が人狼判定

◆1　片上大輔, 小林優, 大澤博隆, 稲葉通将, 篠田孝祐, 鳥海不二夫,「擬人化エージェントを用いた人狼対戦システムの開発」, Game Programming Workshop, 2014, p.9.

◆2　Y. Kobayashi, H. Osawa, M. Inaba, K. Shinoda, F. Toriumi and D. Katagami, Development of Werewolf Match System for Human Players Mediated with Lifelike Agents, 2nd International Conference on Human-Agent Interaction (HAI2014), 2014.

を出しているので、自分は裏切り者としてほぼ確定される。そのため、2日目に、裏切り者の振りをして、Bが人狼であることを知らない振りしてパワープレイ（第2章参照）をもちかけ、村人に投票する振りをして、最後の最後で人狼に投票すればよい。残った村人が自分に投票しないように、うまく人狼から人狼COさせ、村人の投票は人狼に投票するようにしむけるのが重要な点である。

2. Bが村人もしくは裏切り者であった場合：
Bを占った結果、占い先が村人（村人2名のうちの1人）もしくは裏切り者であったケース。初日に占い師COして、「Aを占った結果人狼でした」と発言する。Aは実際には占っていないため、村に対して嘘をつくことになる。1. と同様、Aを追放することを強く主張する。Aがたまたま人狼であった場合、初日でゲームが終了する。一方、Aが人狼でなかったら、1. と同様、人狼からは、裏切り者としてほぼ確定されるので、同様の手続きで、裏切り者として振る舞う。人狼が残った2名のうちどちらかはわからないが、パワープレイをもちかけることで人狼にCOさせる。そのときの反応で人狼を見つける。そして、最後に人狼に投票する。ただし、人間判定ではあるが裏切り者だった場合も考えられる。この場合Bの裏切り者視点では、自分が人狼騙りか村人騙りのどちらかに見える。こちらからはBは村人か裏切り者かは見分けがつかない。そこで、ここでもパワープレイをもちかける話題により人狼や裏切り者を見分け、また、人狼からは裏切り者が騙っているように振る舞い、人狼に投票する。やや難しいが、裏切り者には自分を人狼だと思わせ、自分ではなく、真の人狼に投票させるように仕向けることが重要である。人狼からは偽の占い師ということがわかっているので、人狼とCOしてしまうのもよいだろう。

この戦略が成り立つのは、ゲームが2日で終わるため、真の占い師の信頼が失われても村側の損失がないことにある。この占い師の信頼の失墜を利用し、2日目は裏切り者や人狼を装うことで、GM（ゲームマスター）も間違ってしまったかと思わせるような、非常にテクニカルで鮮やかな勝利を収めることが可能である。ちなみに、筆者がこの戦略を実際の試合で試みたところ、何度かあざやかな勝利を収めることができた。ぜひ読者も、腕に覚えがある相手に対して試してほしい。何度も通用しない戦略ではあるが、逆にこうい

う戦略もあると思わせることで、人狼や裏切り者側に、さらに高度なやり取りが行われることも考えられる。このように簡略化されたゲーム設定でも新しい戦略が生み出せるほど、人狼とは奥が深いゲームなのだ。

第 6 章

集合知による人狼知能の構築〜人狼知能大会

　これまで、人狼知能の作成技術や人狼のゲーム特性について述べてきた。しかし、実際に人狼知能をつくるにあたっては、1人の人間がつくっていたのではらちがあかないだろう。コンピュータ将棋やコンピュータ囲碁が当初 AI どうしで対戦しながらその強さを向上させていったのと同じように、人狼知能でもいくつかの AI どうしの対戦が能力向上に有効だと考えられる。そこで、より多くの人狼知能エージェントを集めるために、筆者らは人狼知能大会を行うこととした。

　本章では、人狼知能どうしがその強さを競う、この人狼知能大会を紹介する。まず、人狼知能大会におけるルールを紹介したのち、人狼知能をつくるための基本的な方針を解説する。そして、2015 年の CEDEC◆1 にて開催した大会の模様を振り返ることで、人狼知能を作成して大会に参加する意義にも触れてみたい。

6.1　人狼知能大会とは

　第1章で述べたように、人狼知能プロジェクトの最終的な目標は「楽しいゲー

◆1　Computer Entertainment Developers Conference：日本最大のゲーム開発者向けカンファレンス。

ム」を実現することにある。そのために、まずさまざまなアルゴリズムが集まるよう、多数の AI を集合知的に開発する方法をとる。多くの異なるアイデアをもつプログラマが、それぞれ異なるアルゴリズムにより人狼知能を構築すれば、人間と対戦を行った際に、人が楽しいと感じる可能性の高い人狼知能を見つけ出すことができるだろう。そのような人狼知能に注目し、そのアルゴリズムを解析することで「どのようなプレイが人間に楽しいと思わせるか」を明らかにすることができるのではないかと期待している。

現在、多くの人の手によって人狼知能を開発してもらう目的で、

1. 人狼知能の開発を支援する人狼知能プラットフォームの構築
2. 大会の開催

を行っている。

すでに述べたとおり、大会では、楽しいプレイではなく、「強い人狼知能」を目指すことになるが、楽しいプレイを実現するには十分に強い人狼知能の開発が必要不可欠だからだ。強い人が手を抜いてシチュエーションをつくることは可能だろうが、弱い人が背伸びして他人を楽しませようとするのは難しいためである。

6.2 人狼知能大会参加のために

人狼知能大会に参加するためには、人狼知能プラットフォーム上で実行可能な人狼知能をつくる必要がある。人狼知能プラットフォームはプログラミング言語 Java で開発されており、人狼知能も Java での作成が推奨されている。後述する 2015 年の大会では Java による人狼知能のみが参加可能であった。その後開発が進み、本書発行時点では他のプログラミング言語（Python や .NET など）でも参加できる。さらに今後は、主な行動方針を決めるだけで簡易的に人狼知能を作成できるシステムも提供される予定である。

実際に参加したい場合は、人狼知能プロジェクトの Web ページ[1]を参照していただきたい。

---

[1] http://aiwolf.org

6.3 プロトコル・ルール説明

人狼ゲームにはさまざまなルールが存在している。たとえば、対面人狼とBBS人狼ではその大枠は同じであるものの、実際にプレイをしてみるとかなり感覚が異なることがわかる。ルール上は小さな違いであっても、セオリーや有効なプレイ方法の違いにつながることも多い。

人狼知能大会では、AIに人狼をプレイさせることを目標としているため、AIにルールを理解させなければならない。このとき、さまざまなルールがあるという前提でAIを組もうとすると、いろいろな条件を考慮しなければいけなくなり、構築が困難になるだろう。そこで、人狼知能プロジェクトでは人狼知能の標準ルールを制定し、それに従ってAIを構築することとした。以下では、人狼知能大会の標準ルールについて述べる。

なお、本節の内容は第2章の説明と一部重複する箇所がある点はご了承願いたい。

6.3.1 人狼知能大会におけるゲームの流れ

ゲームが開始されると、各プレイヤーに役職がランダムに割り当てられる。各役職ごとに、人狼陣営と村人陣営のどちらに属するかが以下のように決められている。

- 人狼および裏切り者 → 人狼陣営
- 村人、占い師、霊媒師、狩人 → 村人陣営

それぞれのプレイヤーは自分の所属する陣営の勝利を目指して行動を行う。

ゲームは昼フェーズと夜フェーズを交互に繰り返しながら進行する。昼のフェーズでは、対話が行われる。人狼知能大会では発話のフォーマットが決められており、人狼知能プロトコルを使った対話のみが許される。これらの対話によって、追放すべきプレイヤー、襲撃すべきプレイヤー、占うべきプレイヤーなどを各プレイヤーが独自に判断し、決定する。

その後の夜フェーズに、投票による追放者の決定、および、占い先などの役職ごとの特殊能力の利用を決定する。プレイヤーの選択した行動により追放者、

被襲撃者などが決定され、ルールに従って何人かのプレイヤーがゲームから排除される。その結果の状態に対してゲームの終了判定が行われ、終了条件が満たされればゲームが終了する。満たされなければ次の日の昼フェーズが開始される。

　ゲームは初日の昼のフェーズからスタートし、初日の夜のフェーズには占いのみが行われ、投票、襲撃、護衛は行われない。これは、情報がない初日に追放があると対象となるプレイヤーがランダムに決められてしまうことが多いためである。占い師に占い先を決定するための情報を得る機会を与えるとともに、追放の判断にはその占い結果が利用できるようにするために、このルールが設けられている。

　2日目の夜のフェーズからは追放、襲撃、護衛も行われる。

6.3.2　人狼知能大会における勝利条件

　村人陣営の勝利条件は人狼をすべて追放することである。基本ルールである15人のプレイにおいては、3人のプレイヤーが人狼となるため、その3人をすべて追放すれば勝利となる。人狼陣営には人狼以外に裏切り者が存在するが、裏切り者が追放されているかどうかは勝利条件には関係しない。

　人狼陣営の勝利条件は、村人陣営のプレイヤー数が人狼プレイヤーと同じかそれよりも少ない数になることである。人狼は当初3人いるため、1人も追放されずにゲームを進めていくことができれば、人狼3人、人間3人になった時点で人狼陣営の勝利となる。このとき、人狼陣営である裏切り者は「村人」としてカウントする。したがって、人狼2人、裏切り者1人、村人3人となった場合は、人狼陣営の勝利条件は満たされない。

6.3.3　人狼知能大会における役職の定義

　各プレイヤーには、以下のいずれかの役職が割り振られる。それぞれの役職は、人狼陣営・村人陣営のどちらかに属する。

■村人（村人陣営）

　村人はとくに特別な能力をもっていない。したがって、村人となったプレイヤー

は特別な能力に頼らずに他のプレイヤーの発話のみから人狼を見つけ出し、投票を行わなければならない。しかしながら、通常最も多くのプレイヤーが村人となるため、村人での勝率が低いプレイヤーは必然的に全体の勝率も低くなる。村人となったときにいかに人狼を探し出し勝利に貢献するかは重要である。

■ 占い師（村人陣営）

占い師は、夜フェーズの始めに1人のプレイヤーを指定して、人狼かどうかを見極めることができる。人狼であれば「人狼」、人狼以外であれば「人間」であるという情報を得られる。ただし、わかるのは人狼か否かだけであり、役職まではわからない。そのため、人狼陣営のプレイヤーである裏切り者に対しても人間であることだけが情報として得られる。

■ 霊媒師（村人陣営）

霊媒師は、前日に追放されたプレイヤーが人狼だったか人間だったかの情報を得ることができる。人狼であれば「人狼」、人狼以外であれば「人間」であるという情報を得られる。占いと同様、わかるのは人狼か否かだけであり、役職まではわからない。そのため、人狼陣営のプレイヤーである裏切り者に対しても人間であるという情報だけが得られる。

■ 狩人（村人陣営）

狩人は、1日の終わりに1人のプレイヤーを指定して、人狼の襲撃から守ることができる。守られているプレイヤーが人狼に襲撃された場合、そのプレイヤーはゲームから排除されない。ただし、護衛に成功したかどうかは狩人にはわからない。そのため、襲撃されたのが追放されたプレイヤーだったのか、狩人が襲撃から守ったのかはわからない。また、狩人は自分自身を守ることはできない。したがって、狩人が襲撃から守られることはない。

狩人が追放された場合は、その日狩人は護衛することはできない。そのため、狩人が護衛先として指定していたプレイヤーが襲撃された場合、そのプレイヤーはゲームから排除される。

■ 人狼（人狼陣営）

人狼は、人狼陣営に所属する役職である。ゲーム開始と同時に人狼どうしが誰であるか知ることができる。また、昼の間に一定回数だけ人狼どうしにしか見えない会話を行うことができる。この会話を「ささやき（whisper）」とよぶ。

通常ささやきを利用して投票先を1人に絞っておくことが多い。
　1日の終わりに人狼全員が投票を行い、1人のプレイヤーを襲撃し、ゲームから排除することができる。襲撃先候補が同数の投票結果となった場合、投票されたプレイヤーのうち誰か1人がランダムに選ばれ襲撃先となる。なお、人狼を投票対象として選ぶことはできない。

■裏切り者（人狼陣営）
人狼陣営に所属する人間である。特別な能力は何もないが、人狼を助けることによって勝利を目指すことになる。
　裏切り者は人狼が誰かを知らないため、誰が人狼かを見極めながらプレイをする必要がある。とくに能力はないが、占い師や霊媒師の振りをして、村人陣営を混乱させることが多い。

6.3.4　昼のフェーズ・夜のフェーズ
■昼フェーズ（全プレイヤーに共通）
昼フェーズは以下を交互に繰り返しながら行われる。

- プレイヤーどうしの対話
- 人狼どうしの対話

　プレイヤーどうしの対話は、ターン制で行われる。各プレイヤーは1ターンに1回発話のチャンスが与えられる。ただし、その順番はランダムに決定される。とくに発話を行う必要がない場合は、発話省略（Skipによってパスすること）ができる。また、それ以上発話を行うことがない場合は、発話終了宣言（Over）を行う。すべてのプレイヤーが発話終了宣言（Over）した場合、昼のターンは終了する。
　ただし、1人でも発話終了宣言（Over）以外を行うプレイヤーが存在した場合、次のターンには発話終了宣言（Over）を行ったプレイヤーにも発話の機会が発生する。したがって、Overを宣言したからといって発言の権利が失われるわけではない。
　なお、プレイヤーどうしの発話では、すべての発話ログがすべてのプレイヤー間で共有される。

現在の人狼知能大会の標準ルールにおいては、プレイヤーの発言は 1 日につき 10 ターン与えられている。したがって、最大で 10 回の発言を行うことができる。

■ささやきフェーズ（人狼のみ）

　プレイヤーどうしの対話が 1 ターン終わった後に、人狼どうしの対話（ささやき）フェーズが開始される。人狼どうしの対話もプレイヤーどうしの対話と同様ターン制で行われる。当然ではあるが、人狼どうしの対話に参加できるのは人狼のみである。裏切り者はこの対話には参加することはできない。また、村人もこの対話を見ることができない。そのため、人狼どうしはこの対話を利用して誰を襲撃するか、誰がどの役職を騙るかなどの相談を行うことができる。

　通常の発話と同様、発話が行えるタイミングはランダムに決定される。発話を行う必要がない場合は発話省略（Skip によってパスすること）ができる。それ以上発話を行うことがない場合は発話終了宣言（Over）を行う。すべての人狼陣営プレイヤーが発話終了宣言（Over）した場合、その時点でささやきは終了する。ただし、1 人でも発話終了宣言（Over）以外を行うプレイヤーが存在した場合、次のターンには発話終了宣言（Over）を行ったプレイヤーにも発話のチャンスがある。したがって、Over を行ったからといって、発言権が失われるわけではない。

　人狼の対話（ささやき）は 1 ターンごとに 10 回の発言権が与えられる。したがって、一般のプレイヤーが 1 回発言するごとに、人狼は 10 回相談を行うことができることになる。

　昼フェーズが終了し夜フェーズへと移行するのは、以下の条件が満たされたときである。

- 規定ターン数（10 ターン）のプレイヤーどうしの対話、人狼どうしの対話が終了した場合
- すべてのプレイヤーが対話および人狼どうしの対話で Over を宣言した場合

昼フェーズが終了すると、夜フェーズへと進行する。

■夜フェーズ

　夜フェーズでは、投票や占い先の決定など、各プレイヤーの行動の決定と、その結果生じる状況の計算が行われる。

　まず、各プレイヤーが行う行動として、

- 投票先の決定（全プレイヤー）
- 占い先の決定（占い師）
- 襲撃先の決定（人狼）
- 護衛先の決定（狩人）

がある。これらの行動を各プレイヤーが決定すると、次に、以下の行動結果が決定される。

- 追放者の決定
- 占い師による占い結果の決定
- 襲撃成否の決定
- 勝利判定

これらの行動は夜フェーズの最初に各プレイヤーによって対象が決定され、その後の処理は自動的に行われる。

　プレイヤーによる投票は、追放者の決定と襲撃先の決定の二つがあるが、どちらも最多得票者が追放または襲撃される。ただし、最多得票数が同数あった場合は、最多得票を得たプレイヤーのなかからランダムに選ばれる。

　なお、追放者が決定する前に人狼は襲撃先のプレイヤーを選ばなければならないため、襲撃先が追放者と重なることがある。この場合には襲撃は行われない。

　夜フェーズの処理は以下のような順序で行われる（※初日は 2. と 3. のみ実行される）。

1. 投票先の決定
2. 占い先の決定
3. 占いの実行

4. 襲撃先の決定
5. 護衛先の決定
6. 投票により選択されたプレイヤーの追放
7. 襲撃先となったプレイヤーの追放
8. 勝利判定

6.3.5 プレイヤーが取得可能な環境情報

プレイヤーに与えられる情報は以下のとおりである。

- 各役職をもつプレイヤーの人数
- 自分の役職
- 日にち
- どのプレイヤーが残っているか
- 残り発話可能数
- 会話ログ
- 投票結果（投票者と投票先）
- 襲撃により排除されたプレイヤー

以上が、すべてのプレイヤーに平等に与えられる情報である。これらの情報は過去にさかのぼって取得することができるため、過去の投票先や占い結果の発言などを参考にして人狼を見つけ出すことが重要となる。

また、上記に加え、役職ごとに与えられる情報が以下のように存在する。

■占い師
- 占い結果

占い師は過去に占った対象が人狼か人間かを知ることができる。

■霊媒師
- 霊媒結果（追放者が人狼であるかどうか）

霊媒師は、過去に追放されたプレイヤーが人狼だったか人間だったかを知ることができる。

■狩人
- 護衛先

狩人は過去に護衛した対象が誰だったかを知ることができる。

■人狼
- 仲間の人狼が誰か
- 襲撃先投票結果（投票者と投票先）
- 人狼どうしの対話ログ

人狼は自分の仲間が誰かや、過去の襲撃投票結果、そして人狼どうしの対話（ささやき）ログを取得することができる。

6.3.6 各種ルール

追放、襲撃、占い、護衛、発言については、下記のルールを設ける。

■追放ルール

追放者の決定は生存プレイヤーによる投票によって行われ、最多得票を得たプレイヤーが追放される。投票処理は同時に行われるため、他のプレイヤーが誰に投票したかの情報はないまま投票先を決定する必要がある。

最多得票を得たプレイヤーが村から追放される。ただし、最多得票数が同数だった場合は、最多得票数を得たプレイヤーのなかからランダムに追放されるプレイヤーが決定される。たとえば、プレイヤーAとプレイヤーBに5票ずつ投票され、5票以上投票されたプレイヤーがほかにいなければ、プレイヤーA、プレイヤーBのどちらかがランダムに追放される。

誰が誰に投票したかの情報は公開されるため、その投票行動が人狼を暴き出すヒントとなることもある。

自分への投票、ゲームから排除されているプレイヤーへの投票、存在しないプレイヤーへの投票、投票の棄権は無効な投票として扱われる。無効な投票を行った場合、その投票は取り消され、投票先がランダムに変更される。無効な投票はルール上禁止されているものではない。

以上のルールに従って、追放されるプレイヤーが決定される。追放されたプレ

イヤーはゲームから排除され、それ以降一切の行動を行うことができなくなる。

■襲撃ルール

　襲撃先の決定は生存プレイヤーによる投票によって行われ、最多得票を得たプレイヤーが追放される。襲撃先投票は同時に行われるため、他の人狼の投票を見てから自分の投票先を決めることはできない。

　最多得票を得たプレイヤーが襲撃対象となるが、最多得票数のプレイヤーが複数いた場合は、最多得票数を得たプレイヤーのなかからランダムに襲撃されるプレイヤーが決定される。3人の人狼がそれぞれ別のプレイヤーに投票した場合、3人のなかからランダムに決定されることになる。誰が誰に投票したかの情報は人狼の間で共有される。

　ゲームから排除されているプレイヤーへの投票、人狼への投票、その他存在しないプレイヤーへの投票、投票の棄権は無効な投票として扱われる。無効な投票を行った場合、投票は生存している人間のなかからランダムに選ばれたプレイヤーに投票される。

　襲撃されたプレイヤーが狩人によって護衛されていた場合、襲撃は失敗する。また、襲撃されたプレイヤーがすでに追放されていた場合、襲撃は失敗する。

■占いルール

　占い師は、任意のプレイヤーを占い対象として指定することができる。占い結果として、対象プレイヤーが「人狼であるか人間であるか」を取得できる。ただし、占い先を指定しない場合、占い先がすでに死亡している場合、占いは実行されない。仮に占い対象が当日に追放・襲撃された場合でも占い結果を取得することができる。

■護衛ルール

　狩人は自分以外の任意のプレイヤーを護衛先として指定することができる。狩人が追放されておらず、護衛対象が襲撃された場合、護衛対象はゲームから排除されない。

　狩人が自分自身を守ろうとした場合、あるいは生存していないプレイヤーを

守ろうとした場合は無効な指定となる。無効な指定を行った場合、護衛は実行されない。

　人狼が襲撃しようとしたプレイヤー以外を護衛していた場合も何も起きない。また、護衛に成功したかどうかは狩人プレイヤーには知らされない。すなわち、襲撃が行われなかったときに、人狼がなんらかの理由で襲撃に失敗したのか、狩人が護衛に成功したのかはわからない。

■発言ルール

　人狼知能大会では、各プレイヤーは次項で述べる人狼知能プロトコルを使って対話を行う。決められたフォーマットで、決められた内容についてのみ発言が可能である。

　現在は簡単な発言しか行うことができないが、将来的には複雑な対話も可能になるようプロトコル自体は設計されている。ただし、現状ではあまり複雑な発話が行われると他の人狼知能が理解できない可能性が高いため、簡単な発話だけに制限している。十分に人狼知能の開発技術が発展すれば、より人間のコミュニケーションに近い対話も可能になると期待される。

6.3.7　人狼知能プロトコル

　人間どうしの人狼ゲームでは自然言語による会話が行われるが、これらの自然言語をそのまま人狼知能が扱うのは技術的に困難である。そのため、人狼ゲームを人間と人狼知能の混在環境や、人狼知能間でプレイするために、独自の人狼知能プロトコルを使用している。

　人狼知能プロトコルでは、人狼において行われるコミュニケーションを限定した形で再現している。第5章で行ったようなログ解析の結果によれば、会話の半数以上が、自分の思考を表現するためのものであった。残りの発話のうち20%が理由説明、15%が雑談、残りの15%がその他の発言である。理由説明のためには、相手の状態を入れ子に記述するような、複雑なプロトコルが必要となる。また、雑談は計算機で再現することが難しく、また人狼ゲームにおいてどのような効用をもたらしているかが自明でない。そのため、本プロジェクトはまず、会話の5割以上を占める思考表現のためのシンプルなプロトコ

6.3 プロトコル・ルール説明

表 6.1　プレイヤーの行動に関するプロトコル

対象指定メソッド	
vote	その日に投票するプレイヤーを決める
attack	人狼が襲撃するプレイヤーを決める
guard	狩人が防衛するプレイヤーを決める
divine	占い師が占うプレイヤーを決める
会話メソッド	
talk	村全体への発話を行う
whisper	人狼だけに対して発話を行う

表 6.2　会話メソッドで用いるプロトコル

発話可能な内容	
estimate	他プレイヤーの役職の推定
comingout	自分の役職を公言する
divined	占った結果を伝える
inquested	霊媒した結果を伝える
guarded	護衛したことを伝える
vote	投票したいプレイヤーを伝える
attack	人狼が襲撃したい人に投票する
agree	他プレイヤーの発言に同意する
disagree	他プレイヤーの発言に反対する
over	もう話すことはないとき使用
skip	様子見をしたいときに使用

ルを表 6.1、表 6.2 のとおり用意した。

以下、各プロトコルの内容を述べる。

- 推定（estimate）：「誰」が「どんな役職」であるかを「推定する」発言。
  estimate SUBJECT ROLE のように使用し、SUBJECT が対象となるエージェント、ROLE が対象となる役職を意味する。なお、これは自分自身についても用いることができる。

- 役職公開（comingout[1]）：自分、もしくは他者の役職を、全体に向けて公開する発言。comingout SUBJECT ROLE のように使用し、SUBJECT

---

[1] 第 2 章で説明したように、とくにオンライン上の人狼ゲームにおいて、自らの役職公開を行う行為は coming-out、略して CO とよばれることが多い（原義は、それまで隠されていた自らの出生や、性的指向を広く公開することを意味する）。そのため本プロジェクトでは、役職公開を comingout としている。

が対象となるエージェント、ROLE が対象となる役職を意味する。なお、カミングアウトは自分の役職についてすることが圧倒的に多いが、一部例外がある。すなわち、人狼プレイヤーは他の人狼プレイヤーを知っているため、他人についてのカミングアウトをすることができる。

- 投票対象の発言（vote）：「誰に投票するか」を決める発言。vote SUBJECT のように用いる。SUBJECT が対象となるエージェントを意味する。

- 占い結果（占い対象の種族）の通知（divined）：「占い対象となった人物」が「人間か人狼か」を告げる。divined SUBJECT SPECIES のように使用し、SUBJECT が対象となったエージェント、SPECIES が対象の種族（人間もしくは人狼）を意味する。

- 霊能結果（追放者の種族）の通知（inquested）：「追放された人物」が「人間か人狼か」を告げる。inquested SUBJECT SPECIES のように使用し、SUBJECT が対象となったエージェント、SPECIES が対象の種族（人間もしくは人狼）を意味する。

- 護衛対象の通知（guarded）：「誰が護衛されたか」を告げる。guarded SUBJECT のように用いる。SUBJECT が対象となるエージェントを意味する。人狼知能プロジェクトの標準ルールでは、狩人が護衛成功か失敗か、結果を知ることはできない◆1。

- 同意する（agree）：「指定された日で」「指定された順番の」発言に対して同意する。agree NUMBER のように使用し、NUMBER が発言順を意味する。

- 反対する（disagree）：「指定された日で」「指定された順番の」発言に対して反対する。disagree NUMBER のように使用し、NUMBER が発言順を意味する。

発言への同意または反対は、発言者ではなく、発言に対して行う。

◆1 護衛成功が伝わったとしても、人間と人狼しかいないゲームにおいては、大きな情報とならない。ただし、人狼が意図的に襲撃を失敗できる場合、狩人は護衛失敗時に襲撃がなければ、意図的な襲撃失敗が発生したことを理解できる。また、妖狐のように、占われて死んでしまう役職がいる場合、ある人物を護衛して成功したのにその対象が死んでしまえば、対象が妖狐であったと判明する。が、いずれにせよ今回のルールでは成否の情報は得られない。

- 発言を見送る（skip）：発言を見送り、次の発言機会を待つ。全員が発言不可能となった時点で昼フェーズは終了する。

- 発言を終える（over）：発言を見送る。発言機会は待たないため、全員がoverを選ぶか、あるいは発言不可能状態となった時点で、昼フェーズは終了する。

■プロトコルがゲームデザインに及ぼす影響

　人狼ゲームはコミュニケーションが大きな要素となるゲームである。したがって、どこまでのコミュニケーションを許すかによってゲームの性質が大きく変化する。そのため、人狼知能プロジェクトメンバー間で慎重に議論を行い、いくつかのプロトコルを設計しどの程度の会話まで扱うことができるのか検証した。設計したプロトコルには確率などを使用したものもあれば、入れ子構造で記述ができる（たとえば「あなたが「わたしが人狼だ」と思っている」という記述が可能な）ものもあった。検証は、人間どうしが会話する代わりにプロトコルを模したカードを使用して、どこまで会話が可能なのかを確認するという手法を用いて行った。

　現在のプロトコルは、これらのなかで最もシンプルなものを使用しており、相手に自分の考えていることを伝えることしかできない。将来的には、自分の行動の意図を説明できるように拡張したいと考えている。

6.4　人狼知能のプログラミング

　人狼知能プラットフォームでは、一つのサーバに複数のクライアント、すなわち人狼知能を接続することでゲームを行う。人狼知能をプログラミングする際には、このクライアントを作成することになる。

　サーバはいわばゲームマスターの役割を担うプログラムであり、誰がどんな発言をしたか、投票の結果誰が追放されたか、誰が襲撃されたか、といったゲームの情報をクライアントに伝えるとともに、クライアントに行動を要求する。クライアントである人狼知能は、その行動要求に応じて行動を実行する。つまり、サーバから「何か発言してください」と言われた際には発言内容をサーバ

に送信し、「投票対象を決めてください」と言われた際にはどのプレイヤーに投票するかという情報を送信する。このように、現状のプラットフォームでは、人狼知能は自由なタイミングで行動と発言をすることはできない。しかし、この仕様により、プログラミングの際には発言タイミングについて考慮する必要がなく、個々の行動について処理を記述すればよいという利点がある。

サーバからの行動要求は以下の6種類である。

- 投票対象の選出（全役職）
- 占い対象の選出（占い師のみ）
- 護衛対象の選出（狩人のみ）
- 襲撃対象の選出（人狼のみ）
- 発言（全役職）
- ささやき発言（人狼のみ）

プログラミングの際には、それぞれの処理を記述することで、1体の人狼知能を完成することができる。以降では、それぞれどのようにプログラミングを行えばよいか、個別に検討していこう。

■ 投票対象をどう決めるか

追放者を決めるための投票は、全役職が必ず行う行動であり、人狼ゲームにおいて最も重要な行動といっても過言ではない。しかし、自分が占い師の場合を除き、誰が人狼であるか確信をもって投票できるという状況はほとんどないと考えてよい。したがって、確定的ではない情報をもとに人狼を推理する必要がある。そうしたなかでも人狼を探す重要なヒントとなるのは、占い師による占い結果である。プログラミングの際、他のプレイヤーの占い結果は、サーバから送られてくる発話履歴から取得することになる。しかし、複数の自称占い師が出現した場合、どれが本物の占い師であるかを見極めなければならない。明らかに偽者の占い師が判明するケース、たとえば、襲撃されたプレイヤーに人狼判定を出した場合などでは話は簡単であるが、そういったことが起こるのは稀である。そこで、霊媒師の霊媒結果の情報などを用いて、どの占い師がより信頼できるかを見極めたうえで、投票先を決める必要があるだろう。

また、過去の投票結果を用いることも有効である。人狼が仲間の人狼に投票することが少ないことを利用し、人狼どうしのつながり（ライン：第4章参照）を見つけ出すのである。また、人狼どうしはささやきにより投票先を統一することが可能であるため、投票先の重なりを用いてラインを推定することもできる。なお、投票結果の情報もサーバから取得可能である。逆に、自分の役職が人狼である場合はラインが推定されることを考慮して投票を行う必要があるだろう。序盤など、投票が分散しそうな場合に味方の人狼に投票することはリスクがあるが、投票がある程度集中しそうな場合に、あえて仲間の人狼に投票することは戦略として十分あり得る。

■占い対象をどう決めるか

自分が占い師の場合、占う対象は以下のプレイヤーを除いたなかから決めるのがよいだろう。

- 過去に占ったプレイヤー
- 自分が投票するプレイヤー
- 投票が集中しそうなプレイヤー

3点目の投票が集中しそうなプレイヤーの推定には、他のプレイヤーの役職を予想する発言や、投票先に関する発言を用いて、誰に何票入りそうかということを予想することが有用である。

■護衛対象をどう決めるか

狩人の護衛対象は、基本的に占い師COしたプレイヤーにしておくのが無難である。人狼の襲撃先を予想し、占い師以外を護衛先に選ぶのは、失敗して占い師が襲撃されるリスクが大きすぎるため、ほとんどの場合避けるべきである。

占い師が存在しない場合には、霊媒師COしたプレイヤー、占い結果により村人陣営と確定したプレイヤーを、それも存在しない場合には、自分が考える最も信頼できるプレイヤーを護衛先に選ぶのがよいだろう。

■襲撃対象をどう決めるか

　人狼にとって、最も厄介なのは占い師と狩人である。この2人を早い段階で襲撃することができれば、非常に有利にゲームを進めることが可能となる。しかし、狩人に関してはCOすることがないままゲームが終了することがよくあり、誰が狩人か特定することが困難である場合がほとんどである。したがって、占い師を最優先で襲撃対象とするのがよいだろう。ただし、序盤は狩人が占い師を守っている可能性も高いところも悩ましい。

　偽占い師の判定結果で人狼と出ているプレイヤーは襲撃しないほうがよい。人狼以外の偽占い師はほとんどの場合裏切り者であるが◆1、襲撃されるはずのない人狼が襲撃されたことから、偽占い師の嘘がバレてしまい、味方を失うことになる。

■何を発言するか

　自分が占い師・霊媒師である場合、COする発話とそれぞれの特殊能力の結果を報告する発言については必ず行うべきである。問題はいつCOするかという点であるが、基本的に人狼を発見した場合、および自分の役職の偽者がCOした場合にCOを行えばよいだろう。人狼が見つからない場合でも、これまで得た判定結果を報告するために3〜4日目までにはCOするようにしておきたい。COを行った後は、これまで得た判定結果を報告するとともに、日が変わって新たな判定結果を得たら、その都度報告するようにしておこう。

　COや能力の判定結果の報告よりは優先度は低いが、「誰に投票しようと考えているか」と「誰をどの役職だと考えているか」について報告しておくのもよいだろう。

■何をささやくか

　人狼どうしで会話ができるささやき発話では、誰に投票するつもりか、および誰を襲撃対象に選ぶつもりかを発言し、情報を共有するのがよいだろう。また、役職を騙る場合は、そのことを味方に伝えておけば、同じ役職を騙ろうとしていたプレイヤーが譲ってくれる可能性もあるため、ささやいておくのがお

◆1　ごくまれに村人が占い師と名乗ることもある。

すすめである。

また、自分と相手とで襲撃相手が異なっていた場合はささやきで調整をする必要がある。相手が襲撃対象にしたいと言った相手を支持するか、自分の意見を貫くか、なんとか説得するか、いずれにしても十分な議論が必要である。

6.5 実際につくってみよう

さて、ここまでで各行動をどのようにプログラミングしていけばよいか、なんとなくイメージはつかめたのではないだろうか。しかし、実際にプログラムを行う際にもう一つ考えなければならないことがある。それは、どの役職からつくっていくのか、という点である。筆者らのおすすめは、村人→狩人→霊媒師→占い師→裏切り者→人狼の順である。その理由について説明していこう。

まず村人は、とれる行動が発言と投票しかないため、プログラムを記述する量が最も少なくて済む。狩人は発言と投票に加え、護衛先を選ぶ処理を記述する必要があるが、発言と投票の処理に関しては、村人のものが再利用できるだろう。霊媒師に関しては、特殊能力の行使先を決定する必要はないものの、特殊能力により偽占い師を発見することが可能となることから、その処理を記述する必要があるだろう。また、いつ霊媒師COをし、霊媒結果を報告するかについてもプログラムする必要がある。

占い師は偽霊媒師の発見、COと占い結果報告の処理に加え、誰を占い先に選ぶかという処理も必要となり、作業量が増えるためある程度慣れてからつくりたい。裏切り者は村人と同じく発言と投票しかできないが、占い師や霊媒師を騙る場合には、その処理を記述する必要がある。ただし、大部分は占い師・霊媒師で作成した処理を流用できるだろう。最後に人狼であるが、人狼だけが行える行動として、襲撃とささやき発言がある。とくに襲撃に関しては、襲撃の結果、偽能力者の発言に矛盾が生じることのないように襲撃先を選ぶ必要がある。そのために、矛盾を検知するプログラムを作成する必要がある。役職を騙る場合は裏切り者のものを再利用すればよい。ただし、自分が本物でない場合は、サーバから能力の判定結果が得られないため、偽の判定結果を生成する処理を新たに記述する必要がある。このとき、偽の判定結果は矛盾が起こらな

いように注意する必要がある。

具体的なプログラミングの方法や、実行方法などが知りたい場合は、以下のWebページを参考にするとよいだろう。

- 人狼知能解説スライド：プログラムの開発環境の整備から、実際につくって動かすところまで解説した資料。

    http://aiwolf.org/2014/11/26/expslide/

- 人狼知能プラットフォームのソースコード：サーバ自体のソースコードだけではなく、2体のプレイヤーのソースコードも公開されている。（SampleRoleAssignPlayer, KajiRoleAssignPlayer）

    https://github.com/aiwolf/

- 人狼知能プロジェクト 開発者向け情報：Java以外の言語でのプログラミングや、詳細な仕様のドキュメントなどが公開されている。

    http://aiwolf.org/resource/

また、大会の実施などに関する情報は人狼知能プロジェクトの公式ホームページのほか、Twitter（アカウント名 @aiwolf_org）やメーリングリストで随時情報を発信しているので、興味がある読者は登録することをおすすめする。

6.6　第1回人狼知能大会の結果から見えてくるもの

第1回人狼知能大会は、2015年8月27日に国内最大のゲーム開発者向けカンファレンスCEDEC2015内で行われた。第1回人狼大会の様子はニコニコ生放送で生中継されたほか、日経電子版やGAME Watch、4Gamer、ASCII×デジタルで紹介されるなど、大きな注目を集めた。

大会は予選と決勝に分けて行われた。予選では、1セットごとに全チームからランダムで15チームの人狼知能を選択し、一つのグループをつくる。セット内では、そのグループにおいて役職のみを変更しながら100回ゲームを行う。各ゲームにおいて、勝利陣営に所属していたチームには1ポイントが与えられる。実際の予選では、すべてのチームの人狼知能が1,590セット、159,000

ゲームを行い、トータルのポイントによって決勝に進出する15チームを決定した。なお、ゲーム回数が中途半端なのは時間の許す限りの予選を行ったためである。しかしながら、これだけゲームをやっても予選通過ギリギリの2チーム間の勝利数の差がわずか20ほどだったことから、エージェントどうしの実力は接近していたようである。

　プログラムのバグなどにより、ゲーム中にエラーを起こしたチームはその時点で失格とした。予選の前にプレ予選を行っていたが、そこでは発生しなかったバグが本予選で発生するなどといったハプニングもあった。人狼知能プロジェクトのとあるメンバーがつくったエージェントもプレ予選では上位を維持していたにもかかわらず、予選開始直後にバグが発生し、失格となるといったトラブルもあった◆1。

表6.3　決勝の結果

順位	名前	勝率
1	饂飩	0.549
2	働きの悪い村	0.502
3	Satsuki	0.498
4	wasabi	0.489
5	GofukuLab	0.482
6	IPA	0.476
7	iace10442	0.476
8	平兀	0.475
9	Y・Y	0.471
10	swingby	0.471
11	itolab	0.470
12	Team Fenrir	0.467
13	中村人	0.465
14	CanvasSoft	0.464
15	昼休みはいつも人狼でつぶれる	0.446

　決勝では、決勝進出した15チームの人狼知能によってゲームが行われた。それぞれ異なる役職セットで合計1,124,390ゲームが行われ、勝率により順

◆1　このトラブルもあり、プロジェクトメンバーは誰1人決勝に進めないという情けない結果に終わったことは、他の参加者のレベルの高さを喜ぶべきかメンバーのふがいなさを嘆くべきか微妙なところである。

位を決定した。

決勝の結果を表 6.3 に示した。優勝はチーム「饂飩」であり、15 位のチームと比較すると約 10% 高い勝率であった。人狼はチーム戦であるため、プレイヤー 1 人が勝利に寄与する率は低く、また、いくら強くても、運が悪ければ序盤でゲームから追放されてしまう。そうしたなか、このような大差がついたことは特筆すべきだろう。一方で、中位のチームにはほとんど勝率に差が見られなかった。

前述のとおり予選 15 位と 16 位、すなわち決勝に進出したチームとしなかったチームの間には統計的な有意差は確認できなかったことと合わせて考えると、チームによってかなり実力が均衡していたと言えるだろう。

決勝に進出した人狼知能のゲーム内容を見てみると、人間以上の的確さで人狼に投票できる人狼知能が存在した一方で、「自分自身が人狼だと思う」といった、人間ではあり得ない矛盾した発話をするものも存在した。また、占い結果がまだ出ていないはずの初日から占い結果を発表する（つまり偽の占い師として振る舞いに失敗している）ものも存在した。このように、現状では、人狼知能の開発はいまだ発展途上であると言える。現段階では、人が見て明らかにおかしい行動をすることのないものを実現することが、多くの参加者にとっての目標となると考えられる。

第 1 回大会に参加したエージェントのソースコードはすべて公開されているため、次回以降に参加したい方はそれらのソースコードを利用して参加することが可能である。そのため、あまりにも基本的なミスは、軽減されるのではないかと期待される。

6.7　人狼知能大会の今後の計画

人狼知能大会は今後も 1 年に 1 回のペースで毎年開催を続けていく計画である。ただし、毎年同一内容の大会を行うわけではない。より人間らしい人狼知能の実現につなげるため、プロトコルやルールに関して少しずつ拡張を行う予定である。以下では、現在予定されている今後の展開について説明する。

■プロトコルの拡張

　第1回大会で採用された人狼知能プロトコルでは、発言できる内容が非常に限定されていたが、今後はその種類を増やし、複雑な議論を可能にしていく予定である。大会の参加者からは、とくに行動や発言に対する「理由」について発言できるようにしたいという要望が多く出ており、まずはそこから拡張を行う予定である。

　しかし、プロトコルが拡張され、複雑な議論が可能となった場合、作成しなければならない人狼知能のアルゴリズムも複雑化するため、大会への新規参入が難しくなるという問題もある。したがって、プロトコルの拡張は一気に行うのではなく、徐々に進めていく計画である。

■自然言語による対戦

　現在、第3回人狼知能大会から、自然言語によってエージェントがコミュニケーションを行う「自然言語部門」の開催することを企画している。当初から人間がプレイするような自然なプレイは見られないかも知れないが、回数を重ねるごとに人間がプレイしているかのようなコミュニケーションが実現されるだろう。そのときは、人間も自然な形で大会参加プレイヤーと対戦ができるようになるかもしれない。

■ターンテイキング

　人狼知能大会のルールでは、各プレイヤーはサーバによって発言順が決められている。これを人間どうしのゲームプレイにより近づけるため、プレイヤーが任意のタイミングで発言できるようにするターンテイキングの仕組みを導入する予定である。しかし、発言は完全に自由なタイミングでできるようにするのではなく、挙手制にする予定である。つまり、発言したい人狼知能がサーバに特定のシグナル（挙手シグナル）を送り、シグナルの到着順にサーバが発言者を指定するという形である。

　ターンテイキングの導入により、人間どうしのプレイのように、議論の誘導や場の雰囲気づくりができる人狼知能が強くなる可能性がある。また、これまで以上に会話の流れを考慮したアルゴリズムが必要となってくることが予想さ

れる。

　将来的に対面人狼をプレイするような人狼知能エージェントを実現するためには、ここで挙げたような高度な技術も必要となってくる。

　人狼知能大会には、前述したような人狼知能の認知モデル、データ分析、後述する人狼知能開発研究の成果を取り入れていくことで、徐々に高度な人狼知能に対応するように進化していく予定である。最終的には人間が混じっても違和感のないような形で人狼知能大会を行うことができるようになるはずであり、そのときは人狼知能プロジェクトのグランドチャレンジの一端が実現されたと言えるであろう。

コラム　人狼知能大会優勝チームのアルゴリズム

　2015年8月27日に行われた最初の人狼知能大会で優勝した人狼知能の開発者は、BBS人狼の経験豊富なプレイヤーでもあった。BBS人狼における定石やセオリーなどを戦略として組み込むことで、強力な人狼知能を実現している。

　優勝チームのアルゴリズムの中心にあるのが、人狼と裏切り者の推定アルゴリズムである。そのアルゴリズムでは、ゲーム開始時に、人狼と裏切り者について、ありうる組み合わせパターンをすべて列挙する。たとえば、「Aさん、Bさん、Cさんが人狼で、Dさんが裏切り者のパターン」、「Aさん、Cさん、Dさんが人狼で、Eさんが裏切り者のパターン」、……といったようにである。そこから、ゲームの展開により、各組み合わせパターンの妥当性を計算することで、可能性のあるパターンを絞り込んでいく。

　まず、ゲームの確定情報（追放・襲撃・役職の内訳など）を用いてありえない組み合わせパターンを除外する。たとえば、あるプレイヤーが人狼に襲撃された場合には、そのプレイヤーが人狼であるというパターンは（人狼は襲撃対象にはならないため）すべて除外される。そのほかにも、すでに人狼がすべて追放されているというパターンや、人狼の数と村人の数が同数であるというパターンも（すでにゲームが終了しているはずであるため）除外される。

次に、残った組み合わせパターンのそれぞれについて、妥当度を計算し、どのパターンがどのくらい妥当であるかを求める。ここでは、複数の評価関数から求めた値を掛け合わせることで、各パターンの妥当度を計算する。各評価関数は、妥当さがもとの妥当さに対してr倍、という値を出力する。つまり1を基準に、1より小さければ小さいほど妥当ではなく、大きいほど妥当であるということを意味する。直感的に言えば、プレイヤーAとBが仲間どうしには見えないので、AとBが両方とも人狼の可能性は0.9倍、といった計算を行う。評価関数は、人狼と裏切り者の部分組み合わせのパターン数だけ生成される。たとえば、「プレイヤーAが人狼」、「プレイヤーAが人狼、かつプレイヤーBが人狼」、「プレイヤーBが人狼、かつプレイヤーCが裏切り者」などである。各評価関数の出力する値は、ゲーム中のプレイヤーの行動により変化する。たとえば、プレイヤーAがプレイヤーBに投票した場合には、AとBのプレイヤーが共に人狼であるというパターンの妥当性は比較的低く見積もることができる。したがって、「プレイヤーAが人狼、かつプレイヤーBが人狼」に対応する評価関数の出力する値は1よりも小さくなるように変更される。

　開発者の人狼ゲームの経験は、この評価関数の設計に大いに生かされている。これは、プレイヤーがどのような行動をしたとき、どのようなパターンの妥当性がどの程度上がる、もしくは下がるのかは開発者が考える必要があるためである。自称占い師に人間と判定されたプレイヤーはどの程度信用できるのか？　狩人として名乗り出たプレイヤーは……？　こういった一つひとつの状況に対し、適切なパラメータを設定したことが、その強さにつながっている。

　実際の大会のログを見ても、優勝チームの人狼発見率は他のチームに比べて極めて高く、このアルゴリズムの効果は絶大であったことがわかっている。

　評価関数により求められた妥当性の高いパターンにもとづき、人狼知能の実際の行動は決定される。たとえば、誰に投票するかという場合には、最も人狼である可能性が高いプレイヤーに投票を行う。占い師の占い先、狩人の護衛先、人狼の襲撃先などについても同様に思考する。また、疑っている人物の表明もパターンにもとづいて行う。なお、自分が人狼・裏切り者である場合には、推理している村人を装うため、村人陣営視点でパターンの絞り込み、妥当度の計算を行うが、評価関数の中に人狼側が有利になるような関数を追加することで、味方の人狼に利する行動を実現している。

第7章 人狼知能エージェントの構築

本章では、人工知能と人間が人狼ゲームをプレイするために必要な、ゲームを行う代理人、すなわちエージェントの構築技術について解説する。とくに、自然言語処理ならびにヒューマンエージェントインタラクション（HAI）の研究を紹介する。

7.1 人狼ゲームをプレイするエージェント

エージェントとは、直訳すれば「代理人」であり、ここでは人工知能を実世界に具現化するための機構を指す。戦略を考える「頭脳」としての人工知能に対し、エージェントは人間とのインタラクションを行う身体に相当する部分だと言えるだろう。たとえば、青いネコ型ロボットを構成する技術のうち、小学生に助けを求められたときにどのような道具を選択するかを決定するのが人工知能だとすると、ポケットに手を入れて道具を取り出して小学生に渡すロボット部分がエージェントとなる。

人間と人工知能が将棋の対局を行った電王戦では、第3回将棋電王戦においてロボットアーム「電王手くん」が人工知能の考えた手を実際に指していた（図 7.1）。このロボットアームもまた、一種のエージェントであると言え

るだろう。従来のコンピュータ将棋では画面上で将棋を指すことしかできないが、ロボットアームというエージェントによって、実世界でコンピュータと将棋が指せるようになるのである。

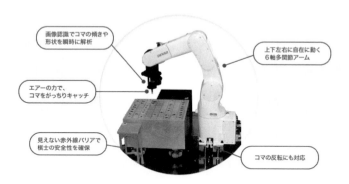

図 7.1 電王手くん（デンソーウェブサイト http://www.denso.co.jp/ja/aboutdenso/sponsor/denoute/denoute-kun/index.html より許諾を得て転載）

将棋においては、ロボットアームがどのように駒を運ぼうが対局にはあまり影響はない。しかし人狼の場合は、コンピュータの画面内で人狼ゲームを行うのか、実世界で人狼ゲームを行うのかで大きな違いがある。そして、それぞれの環境で人間と対戦するエージェントを構築するためには、さまざまな問題を解決していかなければいけないだろう。

本章では、そのような問題のうち、自然言語処理（7.2 節）、コンピュータ内のエージェント（7.3 節）、実世界上のエージェントの開発（7.4 節）についてそれぞれ説明していく。

7.2 人狼知能のための自然言語処理

本書で繰り返し見てきたように、人狼は会話が肝のゲームである。これを AI にプレイさせるとなれば、会話、つまり言語の扱いは欠かせない。そのためには、自然言語処理の技術が要求される。自然言語処理とは、自然言語つまり人間の言葉をコンピュータに扱わせるための工学的な研究分野である。自然言語処理の研究という観点からも、人狼知能というプロジェクトは魅力的であ

ると同時に、極めて難しい問題を多く含む挑戦的な課題である。人間はほとんど意識することなく自然言語を操れてしまうので、コンピュータにやらせるのも簡単だと思われがちであるが、実は人間が言語を操るメカニズムはわかっていないことが多く、機械にとってもたいへん難しい。

■ 言語理解

　音声入出力を考えると話が少しややこしくなるので、まずはテキストベースで行われる人狼 BBS を想定して考えてみたい。たとえばプレイヤーが「なんで CO したの？」と発言したとしよう。AI プレイヤーは、何はともあれまずはこの発言を「理解」しなければならない。しかし機械にとってこの発言は単なる文字列なので、これを区切って単語（形態素）に分けるところから始める必要がある。図 7.2 に、実際に形態素解析器 Mecab◆1（辞書は Unidic）で解析した結果を示す。

なん	ナン	ナニ	何	代名詞			
で	デ	デ	で	助詞-格助詞			
C	シー	シー	C	記号-文字			
O	オー	オー	O	記号-文字			
し	シ	スル	為る	動詞-非自立可能	サ行変格	連用形-一般	
た	タ	タ	た	助動詞	助動詞-タ	連体形-一般	
の	ノ	ノ	の	助詞-終助詞			

図 7.2　形態素解析の結果

　この結果では、CO の C と O が別の形態素として分割されてしまっている。CO というのは人狼特有の言葉なので、適切に解析用辞書に登録しないと正しく単語として分けることすらできない。正確には、「CO する」という動詞の連用形「CO し」であり、過去を表す助動詞「た」が続くのが正しい解析であると考えられる。

　ここまではなんとか機械的に分析できるとして、この「CO した」という動詞の主語はなんだろうか？　この発言では主語が省略されているので、以前の発言から推測する必要がある。場合によっては明示的に書かれていないかもし

◆1　http://taku910.github.io/mecab/

れない。この例で言えば、状況から察するに、発話者が話しかけた相手が CO した可能性が高そうである。その文脈のもとで二人称が省略されたのだろう。しかし、もしかするとほかに CO したプレイヤーがいて、そちらを指しているのかもしれない。そういったことを、単語分割の結果、その属性、等々から自動的に推測する必要がある。

　自然言語処理の基本的な解析の流れを以下で簡単に見ていこう。典型的な自然言語処理では、下位から上位へ、要素技術となるツールをパイプライン的に実行する方法がとられる。上の例でも、まずは形態素解析器により形態素（単語）の分割、品詞や活用形の解析を行い、そのうえで解析結果をすべて係り受け解析ツールに渡す。図 7.3 に、係り受け解析機 KNP[◆1] の結果を示している。その結果をさらに主語述語の関係を解析するツールに渡す、というような具合である。そのため、下位のツールが解析に失敗すると、その失敗した結果が渡された上位のツールでまた失敗を招くという連鎖が起こりがちであり、より高度な、つまり上位のツールの結果ほど性能が低くなる傾向にある。人狼知能で必要な「言語理解」は、その点とても高度な段階に位置するものであり、上位のツールまで適切な結果を出力できなければ、とても人間に交じってゲームに参加できるレベルにはならないだろう。

図 7.3　係り受け解析の結果

　ここで、もとの例に戻って考えてみると、「なんで CO したの？」の主語の候補として、複数名の CO したプレイヤーがいることもあり得る。このように、当該の文以外の文脈からの関係についての情報を把握して用いる必要があるが、一般に文を超えた処理の性能はまだ低いことが多く、後述する人狼に特化したデータなどでうまく可能性を絞り込んでいけるかがポイントになる。

　以上が、自然言語の入力を受け取って「理解」する部分の概略である。しか

◆1　http://nlp.ist.i.kyoto-u.ac.jp/?KNP

しこれだけでは、人狼ゲームのプレイヤーとしては当然不足である。「理解」したうえで「思考」して、「応答」しなければならない。以下で順に考えてみたい。

■**質問応答システム**

人狼知能を「問いかけに対して答えるシステム」だと考えれば、これは質問応答システムとよばれるものの一種と言える。実際にはAIプレイヤー側の意思や戦略があるはずで、単に受動的に質問に答えるわけではない。しかも、人狼ゲームのプレイでは、一見ゲームと直接関係がない雑談も、必要となる可能性がある。

ここ数年、さまざまな対話システムが公開されている。たとえばアップル社のSiriは、最も多くの人に知られた対話システムの一つと言えるだろう。Siriなどのシステムには、単なる雑談対話だけでなく、コンシェルジュ的な役割を求められていることも多い。典型的なシステム構成による動作は、ユーザの入力した発言に対して、アプリケーションのコマンドや天気予報の問い合わせなど特定の問いかけであればそれを実行し、知識的な回答を求めるものであれば質問応答システムの結果を返し、いずれでもなければ単なる検索結果を返す、などといったものだろう。

雑談対話では、どのような話題がくるかわからないので、汎用的な対応が必要になる。質問応答でも同様である。一方、人狼ゲーム内の対話に限れば、話題や質問の内容がある程度限定されてくると考えられる。現状の汎用を目指した雑談対話や質問応答システムは、まだまだ人間レベルにはほど遠い。そこで、人狼ゲームという場に特化することで、より完成度の高いシステムの構築ができるかもしれない。

典型的な質問応答システムは、図7.4のように構成されている。第一の質問解析モジュールでは、入力の質問を解析し、質問されている内容の種類や、関連するキーワード、質問文の構造などを取得する。たとえば、「占い師の役割は何ですか？」という入力に対し、質問は「事柄」を尋ねており、キーワードは「役割」で、別のキーワード「占い師」が「役割」を修飾している、という具合である。

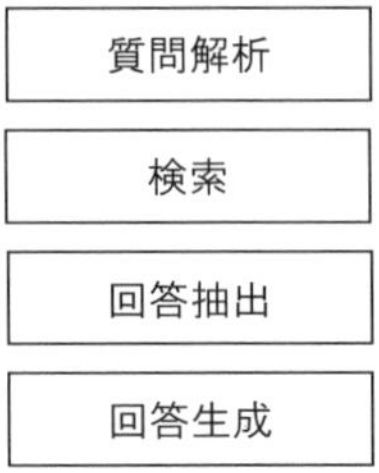

```
┌─────────────┐
│  質問解析    │
├─────────────┤
│   検索      │
├─────────────┤
│  回答抽出    │
├─────────────┤
│  回答生成    │
└─────────────┘
```

図 7.4 質問応答システムの構成

　次の検索モジュールでは、質問解析モジュールで得られたキーワードを用いて検索を行う。検索する対象として、なんらかの知識源を用意する必要がある。これには自前で文書を用意することもあれば、Web 検索を用いることもある。このとき、知識源に「答え」が書いていなければ正解のしようがない。今回の例で言えば、人狼ゲームについての説明が含まれた文書が検索の対象になっていれば、正答できる可能性がある。この文書のなかから、占い師の役割を記述した箇所を抜き出すのが目標となる。そこで検索モジュールでは、質問文に含まれていたキーワード「占い師」「役割」で知識源を検索し、上位何位かの検索結果を取得する。このうちのいずれかに答えが含まれていることを期待するわけである。

　三つ目の回答抽出モジュールでは、得られた検索結果から正答が含まれていると思しき検索結果を抽出する。これにはさまざまな方法があり得るが、基本的には質問解析で得られたキーワードが含まれているか、質問の求めている内容と同じタイプの名詞が含まれているか、キーワードや名詞などの関係が質問文における関係と適切に一致するか、などを手がかりにする手法が用いられる。

　最後の回答生成モジュールでは、前段で抽出した回答候補を整形し、適切な回答になるようにする。たとえば、「占い師の役割は人狼を当てることであり、狩人の役割は……」と書いてあった場合、「占い師の役割は人狼を当てることです。」というように整形するのがこのモジュールの目的である。最終的な応答として返されるこの整形された文章が、この典型的な質問応答システムの出力となる。

■人狼ゲームに特化したリソース

こうした質問応答を精度よく行うには、正答が潜在的に含まれている知識源に加え、人狼ゲームに特化したリソースが必要である。たとえば、人狼ゲームで使われる用語をカテゴライズして整理するための、役職を表す用語のリストが必要だろう。また、特定の役職のみが実行し得る行動があるので、そうした役職ごとの行動を表す動詞をリストも必要となるかもしれない。

突き詰めれば、いわゆるオントロジー的なリソースが要求されると言えるだろう。**オントロジー**とは、階層化された概念体系である。たとえば人狼の世界においては、「排除する」という動詞の下位の概念として「追放する」や「襲撃する」などが考えられる。さらに「排除する」という動作には、その属性として、動作主である「排除するプレイヤー」と被動作主である「排除されるプレイヤー」がある。このように、概念どうしの関係や概念のもつ属性を列挙して体系化することができる。具体的にどのような階層構造を設定し、どのような属性を付与すべきかは不明であり、それ自体が重要な研究課題になると考えられる。人狼ゲームに限定してリソースを構築する利点としては、問題の範囲が明確になることで少人数の手作業による構築が可能になり、より簡単に実験を行えることが挙げられる。

■能動的な応答

さきに述べたように、AIプレイヤーは意思や戦略をもって行動するため、単に受動的に質問に答えるわけではない。しかし、これをあくまで「ゲームの展開に応じて、刻々と変わる知識源を使った質問応答システム」と捉えることもできる。そう考えた場合、この質問応答システムの知識源はゲームの状況そのものであり、それはプレイヤー間の会話の集積により構築される複雑な構造になるだろう。

たとえば、「占い師は誰?」というプレイヤーの発言があったとしよう。これに答えるには、まずは全プレイヤーの名前のリストを保持している必要がある。プレイヤーによってはニックネームなどの別名も必要かもしれない。そのうえで、各プレイヤーの発言を受け取るたびに、少しずつ情報を加えていかなければならない。とくに「占い師としてCOした」などは、当然保持してお

く必要があるだろう。

　問題は、このようにして更新されていく情報を、どのような形式で蓄積し整理するかという点にある。コンピュータの記憶容量は実質的には際限がないと考えてよく、とりあえず過去の発言はすべて記録しておいて、毎度再計算をするような方法でも（応答時間の制限がなければ）問題ないだろう。つまり、実質的には、自然言語による発話の集合をどのような形式で抽出するか、という問題になってくる。

　後述するように、自然言語を人狼知能プロトコルに変換することは、人狼知能プロジェクトにおける今後の目標の一つである。しかし、人狼知能プロトコルはAIどうしの対戦を実現させるのを目的としているため、人間の自然言語による表現との間にはかなりのギャップがある。そこで、中間的な人狼ゲームのモデルを用意し、まずはそこに落とし込めるようにデータを整備するところから始めるのがよいかもしれない。

　文章の自動生成はさらに難しい。質問応答システムであれば、知識源の表現を少し変更する程度でなんとかなることも多い。あるいは、既存の文章の断片を切り貼りすることで対応できれば、それなりに自然な文章が生成できる。しかし、より細かい断片からつくり上げるとなると、なかなか自然な文章にはならないことが多い。

■**プロトコルとのやりとり**

　こうした能動的な発話の裏には、本来はプレイヤーとしての戦略があり、それにもとづき会話の流れを認識して誘導するといった意図があるはずである。自然言語処理をこうした戦略や意図と結びつける必要があるが、そのための最も手近な方法は、人狼知能大会で用いている人狼知能プロトコルと接続することであろう。すなわち、プロトコルを自然言語の表現へ、自然言語の表現をプロトコルへと相互に変換することができれば、自然言語で会話しつつ人狼をプレイするAIが実現できると考えられる（図7.5）。

　まず、自然言語による発話をプロトコルに変換することを考えてみる。ただし現在のプロトコルでは、あらゆる発話をカバーできるわけではない。そもそも雑談的な発話もカバーしようと思えば、文字どおりあらゆる発話を表現しな

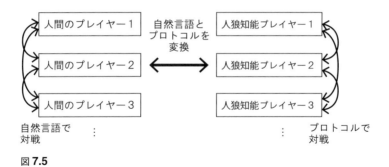

図 **7.5**

ければならなくなるが、まずはゲーム展開に直接かかわる発話に限定して考える。そうすると、任意の自然言語による表現を、限定されたプロトコルで表現可能な範囲に変換するのが当面の目標となる。

　そこで、まずは自然言語の入力のなかからプロトコルに落とし込める範囲を抽出するのが現実的な第一ステップとなるだろう。プロトコルで表現可能な名詞や動詞はある程度限られているため、それらが出現する箇所を中心に変換を試みることになる。スタンダードな手法としては、過去の人間による人狼の対戦記録に対して、対応するプロトコル表現やアノテーション（付加的なデータ）を付与し、そこから機械学習により変換器を作成することが考えられる。これはさきに述べた「理解」の部分の自然言語処理に相当しており、難しさも同様である。

　一方、逆方向の変換、つまりプロトコルの表現から自然言語への変換はどうだろうか。プロトコルで表現可能な範囲が限られているため、ある程度まではルールベースの手法で十分かもしれない。つまり、一つひとつの変換規則を手で書き出して、変換器として用いるということである。ただ現実には、文章生成の項目で書いたような難しさがあるので、カバーする範囲を広げるほど、また自然な文章を生成しようとするほど、難易度が上がっていくことになる。

　こうして、自然言語からプロトコルへ、またプロトコルから自然言語への変換ができるようになれば、プロトコルどうしでやりとりをして対戦している人狼知能エージェントに混じって人間のプレイヤーが対戦に加わることができるはずである。自然言語処理を用いた人狼知能の研究としての当面の目標は、自然さはともかく、人間と機械の対戦が成立したと言えるレベルにまでもってい

くことであると考えている。

　最後に、自然言語処理の観点から見た人狼知能構築の特徴をまとめておこう。まず、他のプロジェクトに比べて人狼知能が必要とする要素技術は幅広く、究極的にはあらゆる関連分野を含むと言ってよい。とくに、信頼や推論、相手の心的状態といった深い分析が必要であり、分析に利用可能な自然言語処理技術が十分な性能に達しているとは限らない状況である。一方、こうした研究を一歩ずつ発展させていくという目標に照らせば、人狼という閉じた世界だけを対象にすることで、比較的問題の解決が容易になる可能性がある。そうした限定的なマイルストーンから進めていくアプローチが、自然言語処理の発展を助ける可能性があるのではないだろうか。

> **コラム　自然言語処理に関係するその他の人工知能プロジェクト**
>
> 　ゲーム以外の人工知能プロジェクトのうち、自然言語処理が重要な役割を果たすものと比較してみたい。
> 　「ロボットは東大に入れるか（東ロボ）」プロジェクト[1] は、人工知能による大学入試の自動解答を目指している。このプロジェクトは、実際のセンター試験および二次試験の内容を電子化したデータを入力とし、解答を出力させる AI を開発するというもので、評価のために毎年模擬試験を受験している。2015 年の模試チャレンジでは、センター試験の模試全体で偏差値 57.8 を達成している。解答を導出する AI は科目によってまったく異なる仕組みで動作しているが、このうち人狼知能とより関連が深いのは、文科系の科目用の AI だろう。たとえば社会科の問題を解くシステムでは、問題文の理解に加え、Wikipedia や教科書といった知識源からの解答探索が重要な部分を占めており、これは従来の質問応答技術の発展上にあると言える。アメリカのテレビクイズ番組 Jeoperdy! において人間のクイズ王に勝利した IBM のワトソン（Watson）システム[2] も、基本的に同様の仕組みである。一方で国語の現代文の問題は、感情理解や論述など、人狼知能プロジェクトと重なる部分も多く見受けられる。実際のところ、各科目でも難しいのは与えら

---

[1] http://21robot.org/
[2] Ferrucci, D.（2012）. Introduction to "This is Watson." IBM Journal of Research and Development, 56（3.4）, 1:1-1:15. doi:10.1147/JRD.2012.2184356

れた問題文をまず「理解」する部分と言える。

　前述のように、自然言語処理分野では、形態素解析から始まって、品詞解析、係り受け解析、格解析など、構文から意味の解析法までさまざまな要素技術が研究開発されてきた。一見、必要な要素技術は揃っているようでもあるが、現実には高度な処理が求められるようになるほど性能が低くなるという問題、新聞記事のようなかっちりとした文章以外への対応の問題、異なるドメインへ適用するたびに手間のかかるチューニングが必要となる問題などがあり、要素技術を組み合わせた最終的なアプリケーションの性能は必ずしも期待するレベルに達していない。いずれにしても、現在の「ロボットは東大に入れるか」プロジェクトの各科目の解答器システムは、人狼知能プロジェクトで必要とするような推論や論理、人間関係の把握といったことのためには性能はまだまだ不十分であり、今後の発展が待たれるところである。人狼における会話のなかでも、ほどよい表現・ドメインにうまく対象を限定することができれば、あるいは一つの突破口になるかもしれないが、未知数である。

　「きまぐれ人工知能プロジェクト　作家ですのよ」◆1 は、星新一の作品を参考に、人工知能によるショートショートの自動生成を目標とするプロジェクトである。文の自動生成が必要という点で人狼知能プロジェクトと大きな共通点があり、同時に文生成が非常に難しいタスクであることからその困難さにおいても共通していると言える。ショートショートとは短めの小説のことであり、それをつくるためには単に文を生成するだけでなくシナリオの自動生成も必要となる。一方、人狼知能では対戦相手の発話に応じた文の生成が必要となる。ショートショートにおいてはシナリオを限定することで、文生成の難易度はいくぶん下がりそうである。人狼知能においては逆に、シナリオに相当するプロトコルに十分な記述力を与えることが重要となる。十分な記述力というのは、記述されたプロトコルのみで文が生成できることを意味する。したがって、現実の人間の人狼プレイヤーに近づけようと思うほど、一般常識や人間の振る舞いについての知識といった人狼の世界の外の情報が必要となり、難しくなっていくだろう。

◆1　http://www.fun.ac.jp/~kimagure_ai/

7.3 擬人化エージェントの開発

2.5節で紹介したように、人狼ゲームには、直接議論しながら行う対面人狼と、遠隔地のプレイヤーが掲示板やスカイプなどで行うオンライン型人狼がある。人狼ゲームを行う人工知能である人狼知能の対戦は、基本的にオンライン型人狼の形式に従っているが、将来的には、人狼知能が人間と表情やしぐさなどを交えながら対戦する対面人狼を行うことが、目標となっている。

本節では、擬人化エージェントを用いて、人間と同様のしぐさを表出しながら対面人狼を行う人狼知能の開発の試みを紹介する。擬人化エージェントとは、人間の見た目や仮想的な身体を備えたソフトウェアのことである。

■擬人化エージェントによる人狼知能対戦システムの開発

人狼ゲームを行う擬人化エージェントを開発するにあたって、人間の振る舞いを知ることが重要である。そのためには、対戦中の人間のしぐさにアノテーション（注釈）を付与するビデオ分析を行うことで、ゲームの勝敗に影響するルールを抽出することができる。筆者らは、人間プレイヤーが人狼ゲームのプレイ中に表出する発言やしぐさなどのノンバーバル情報がゲームに与える影響を調査し、その結果をもとに、5人の人間プレイヤーが擬人化エージェントを用いて人狼ゲームを行う対戦環境を構築した（図7.6）。擬人化エージェントは人間操作者がシステムの裏側で操作を行うWizard of Oz（WoZ）法◆1を採用することで、遠隔地や離れた場所からリモートで人狼ゲームをプレイすることができる。上記の調査で得られた、人間が対面人狼をプレイ中によく表出する発言としぐさを擬人化エージェントの合成音声の発言および動作として実装し、これらの発言としぐさを、人間操作者の簡単なボタン操作により出力しながら、擬人化エージェントどうしの人狼ゲームのプレイを実現することが可能

◆1 システムに精通した人（ウィザード）がシステムの代わりに処理を行うことによって、あたかもシステムが存在しているかのように見せかける実験方法である。映画「オズの魔法使い」のクライマックスのシーンでは、恐ろしい姿をした巨大な「オズの大王」が現れる。人々が恐れおののいてひれ伏す横で、主人公ドロシーが部屋の隅にあるカーテンを開けると、そこでは貧相な老人が装置を操っていた。その仕組みに似ていることからこの実験方法をWizard of Oz法とよぶようになったようである。システムの動作をすべてシミュレートできるわけではないが、プロトタイプ制作の時間とコストを大幅に削減できるため、多くのシステム開発において利用されている。

7.3 擬人化エージェントの開発

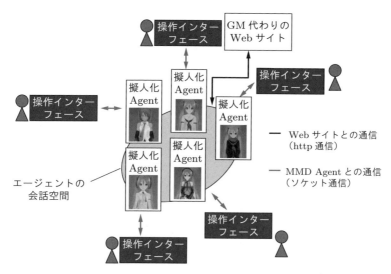

図 7.6 擬人化エージェントによる人狼ゲームプレイのシステム概略図

である。ここでは、エージェントの 3D モデルとして、一般的にも知名度の高い初音ミク[1] モデル 5 体を利用した。

筆者らは擬人化エージェントを用いて人狼ゲームを行うための擬人化エージェント操作プログラムを作成した。擬人化エージェントには MMD Agent[2] を用いた。プレイヤーは、MMD Agent を操作するために開発したインタフェースを用いて、前述の対面人狼を行う際によく使われる基本的な発言や動作をボタン一つで出力し、さらにチャット形式で自由な発言を行うことができる。擬人化エージェントは、音声合成ソフト VOICEROID+ により、プレイヤーが入力した自由な発言を人間の声優によりあらかじめ入力された音声で発話することができる。

人狼知能対戦システムの概略図を図 7.6 に示す。5 人の人間プレイヤーはこのシステムを用いて、五つの擬人化エージェントをそれぞれ操作し人狼ゲーム

---

[1] 初音ミクはクリプトン・フューチャー・メディア（株）から発売されている音声合成・デスクトップミュージック（DTM）用のボーカル音源およびそのキャラクターである。ヤマハの開発した音声合成システム VOCALOID（ボーカロイド＝ボーカル・アンドロイド）に対応したボーカル音源／キャラクターであり、非営利での複製や 2 次著作物の作成・公開が許可されたこともあり、ポップでキュートなバーチャル・アイドル歌手として、ネットでブームを巻き起こしている。

[2] MMDAgent & Project-NAIP wiki, 2011, http://cube370.wiki.fc2.com/.

をプレイする。人狼ゲーム中の議論やしぐさは、すべて擬人化エージェントを介して行う。

発言時には、その発言に合ったモーションを使用できるようになっている。投票や役職に応じた特殊能力の行使や情報の獲得などの情報のやりとりはWeb サイトを介して行った。なお、特殊能力をもたないプレイヤーが、夜間に何も行動しないとそのことがバレてしまう。それを防ぐため、能力をもたないプレイヤーも操作インターフェースを動かし、人狼が誰かを予想したりできるようにした。このプログラムを介して行ったすべての発話と Web サイトに対して送信した情報はテキスト形式で記録される。人狼知能対戦システムは、擬人化エージェントが発話とともに動作を表出しながら人狼ゲームの討議を行うシステムであり、人間の調査実験から得られた発言と動作を擬人化エージェントの動作として利用している。図 7.7 は、このシステムを利用して行った人狼ゲームの対戦動画である。なお、この動画は人狼を当てるクイズ形式 になっている。Web◆1 にて公開しているので、是非動画を見るとともに、クイズにチャレンジしてほしい。

図 7.7 擬人化エージェントによる 5 人人狼の様子。モデルは初音ミク 5 人を利用し、MMDAgent を用いて実装した人狼対戦システムにおいて、WoZ 方式にて、対戦を行っている。この図は、リアルミクが占い師 CO を行い黒ミクを人狼判定し、白ミクも占い師 CO をして白制服ミクを人狼判定したが、途中で白ミクが占い師 CO を取り消した場面。

◆1　https://www.youtube.com/watch?v=P7c7jAakQJ8

■まとめ

　本節では、人間が人狼ゲームをプレイしている際の議論の雰囲気を実現することを目標とした、擬人化エージェントを介した人間対人間の人狼対戦システムを紹介した。ノンバーバル情報をうまく表現することで、人狼ゲームの制約のもとで、AIをあたかも人間と思わせるような対戦を実現することも可能である。人狼知能プロトコルがある程度制限されている現状ではむしろ、人間と人工知能の区別が人間にとって難しいことがわかっている。さらに、システムを介して行われる議論の印象においても、両者にあまり差がなく、しぐさや発言が統一されている場合には識別が難しいことがわかっている。

　今後、人狼知能プロトコルがより自由度が高い発言が許すように拡張されたときに、どの程度人間に迫れるかが、興味深い課題になると考えられる。

7.4　インタラクションロボットの開発

　本章の最後に、対面人狼をプレイする人狼エージェントの開発について紹介しよう。これは、人狼知能プロジェクトで開発されたプログラムを用いて、実空間で人狼ゲームをプレイするエージェントの作成を目指すものである。人狼ゲームにおける思考や行動を反映した表情や動きを、人間のように表せるようにすることを目的とする。第2章で紹介したように、人狼ゲームは自分がプレイするだけでなく、観戦を楽しむエンターテイメントとしても成立している。また人狼ゲームは社会的な知能が求められるゲームであり、人間どうしの試合を観察するだけでも、相手の心の動きや、相手の説得の仕方を学ぶことができる。よって、人間の代わりにエージェントどうしが行う人狼ゲームをユーザが観戦することで、他者の心の動きを推測する、というトレーニングに使用できるかもしれない。

　今回は、12人で人狼ゲームをプレイすることを考える。円形のテーブルを均等に12人で囲う場合には、両隣の人を見るためにエージェントの身体や顔を150°まで回転させる必要がある。また、対面人狼では、表情の変化が駆け引きのための要素となる。そのため、人狼エージェントにも柔軟な表情の変化をもたせる必要がある。

表情と顔や体の動きを実装するために、まずは実際に人狼ゲームをプレイしている映像から、表情と動作をカウントした。今回用いた映像は、テレビ番組『人狼～嘘つきは誰だ？～』(フジテレビ系)から選んだ1試合である。この番組は、株式会社人狼の取締役の高橋が、人狼ゲームのスペシャリストとして講師となり、芸能人らを指導している[1]。高橋の指導によってエンターテイメント性が増した人狼のプレイを再現できれば、ユーザから見て面白いプレイを実装できるだろう。そのような考えのもと、この題材を参考にすることにした。

■システム全体

今回筆者らが作成したエージェントが図 7.8 である。エージェントの顔に当たる部分は、電球の下部に小型のプロジェクタを設置することによって、半球面ディスプレイとなっている。また、プロジェクタの下には二つのサーボモータが配置されており、2軸の方向に身体を傾けることができる。エージェントの下には、マイクとスピーカを設置した。これにより、エージェントの発言や、人間との対戦も実現可能となる。

図 7.8　エージェント全体図

■球面ディスプレイ

人狼エージェントの顔部分として、図 7.8 の上部に見られる球面のディスプ

---

[1] 「人狼～嘘つきは誰だ？～」．フジテレビ　http://www.fujitv.co.jp/jinroh/

レイを開発した。球面ディスプレイを採用したのは、対面型人狼では隣の人は片側75°の角度に存在するため、平面モニタによるエージェントを用いると隣のプレイヤーの顔の視認が非常に難しくなってしまうからである。また、ユーザが観戦する場合には、エージェントを平面モニタに映すとユーザの手前のエージェントはまったく見えなくなってしまう。球面型のディスプレイを使うことによって、どの方向からでもユーザがエージェントを認識できる。さらに、ユーザがエージェントの顔の向きをどこからでも認識することができる。

さらに、エージェントの顔全体をCGの投影画像として表示するようにした。これは、ロボットの顔を用いるよりも素早い振り向きや表情の変化、細かい表情の表出が可能になるためである。

■エージェントの表情

対面人狼に重要ないくつかの表情を実装した。高久らの研究では、人狼ゲームを行う際の表情の種類にタグをつけ、その表出回数をカウントしている[1]。カウントした表情の種類は「無表情」「にやけ顔」「怒り」「微笑み」「驚き」の五つであった。その結果、無表情の表出回数が最も多く、また、人狼のにやけ顔の表出が多くなると人狼陣営の負ける状況になりやすいという結果が得られた。今回のエージェントでは、五つの表情「無表情」「にやけ顔」「怒り」「微笑み」「驚き」のうち、「にやけ顔」は、「微笑み」で代用した。また、上記の五つの表情のほかに、エクマンの基本6感情「怒り」「驚き」「悲しみ」「嫌悪」「幸福」「恐怖」のうちの、「悲しみ」を追加した[2]。以上の五つの表情が図7.9である。

図7.9 エージェントの表出する表情（左から「無表情」、「微笑み」、「驚き」、「悲しみ」、「怒り」）

---

[1] 高久奨乃，片上大輔，「人狼ゲームにおいてノンバーバル情報がプレイヤーに与える影響について」，*Joint Agent Workshop and Symposium*, 2013, pp.152-153.
[2] 『表情分析入門―表情に隠された意味をさぐる』（P. エクマン／W.V. フリーセン著，工藤力訳，誠信書房，1987）

■モータ駆動部

　高久らの研究を参考に、顔の表情と同じように人狼ゲームを行っている間の動作についてテレビ番組『人狼〜嘘つきは誰だ？〜』の1試合の動画のなかで行われた身体動作の回数を数えた。この結果、「人のほうを向く」、「周りを見る」動作が多く、続いて「頷き」の回数が多かった。否定をする際には、首を横に振ることはなく、あまり動作を伴わないことがわかった。このような動作は投影画像のみでは実現できないため、プロジェクタの下部にサーボモータを二つ取り付けることで、エージェントがどの方向にも倒れこむことを可能にした。モータの設置により、体ののけぞりや前にのめる表現も可能にした（図7.10）。

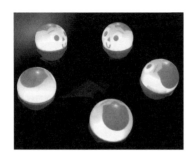 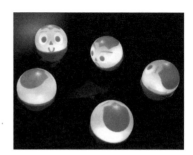

図7.10　エージェントの前傾動作。右上のエージェントが身体を傾けており、それに従って隣のエージェントが視線を変えている。

■音声部分

　対面人狼において、会話を行うことは必須である。そのため、スピーカを設置し、合成音声による会話を可能にした。

■人狼ゲームログ

　エージェントが人狼ゲームをプレイするためには、人狼の人工知能が必要である。そのために、CEDEC2015で行われた人狼の人工知能の大会において上位になったプログラムを用いて、エージェントどうしが戦えるようにした◆1。現状の人狼知能大会では限定された10種類のプロトコルを使用しているが、本研究では各発話に対応したプロトコルを用意し、発話に変換した。
　図7.11は人狼の人工知能による試合のログの一部である。

◆1　CEDECの人狼知能大会ルール　http://www.aiwolf.org/aiwolf-cedec2015/

図 **7.11** 人狼ログの一部

■ **人狼エージェントの性能評価**

今回作成したエージェントが、人狼を演じるために必要な動作が可能であるかを確かめるため、投影部分とロボット部分で分けて性能評価を行った。

■ **顔の動きの評価**

表情の種類は図 7.9 で示したとおり、達成できていると言える。大森らの研究では、人間の表情の変化が遅いと自然に見えないという結果がある[1]。そのため、表情を変化させるときにかかる時間は、0.175 秒以内になるように調整を行った。表情が変化する様子は以下の図 7.12 である。

図 **7.12** 表情の変化の遷移図（時系列は番号順）

◆1 大島康，森大毅，中村真，「表情の変化速度がアバターの感情表出の自然性に与える影響」，HAI シンポジウム，1E-3，2008．

12人で人狼を行う場合に両隣の人を見るために必要な顔の回転角度は150°である。このエージェントは球面型でありCGで表現されるのでどの角度でも向くことは可能である。図7.13は確認のため、170°顔を回転させたものである。首振りの回転速度は、1回転に最大約0.35秒のため人間の振り向きと同じ速度が出せると考えられる。

図 **7.13** エージェントの170°の振り向き（顔）

■ 体の動きの評価

人狼ゲームをプレイする際には、体が前のめりになることがあるため、前傾姿勢を取れるようにする必要がある。今回作成したエージェントは、2軸であり360°どの方向にも前後に倒れることが可能となっている。図7.14はエージェントが170°振り向いたときの画像である。

また、中心からある方向へ前傾姿勢を行う際にかかる時間は、約0.25秒であるため人間の前のめりと同等の速度が出せると考えられる。

図 **7.14** エージェントの170°の振り向き（体）

■ 人狼ログからの発話例

前述の人狼ログのなかで発言メソッドが具体的にどのような発言を行っているのか例を挙げる。以下の二つの例は図7.11の人狼ログから抜粋したもので

ある。

（例 1）
0, talk, 2, 1, COMINGOUT Agent[01] SEER
「私（Agent1）は占い師です。」
（例 2）
0, talk, 3, 2, ESTIMATE Agent[04] WEREWOLF
「私（Agent2）は Agent4 は人狼だと思う。」

ログは 1 行で書かれカンマとスペースで句切られている。一つ目の区分は現在の日数、二つ目が行動を起こすメソッド、三つ目はその日の行動の順番、四つ目は行動を起こす人の番号、五つ目は発言内容を決めるメソッドになっている。このようなログを各種エージェントに読み込ませることによって、人狼知能のプレイした人狼ゲームを再現することが可能となった。

とはいえ、今回作成したエージェントは、エージェントどうしが戦う鑑賞型人狼のエージェントである。今後は、エージェントのなかに人間が混ざって戦うことのできるようなシステムをつくっていく必要がある。そのためには、エージェント側の行動出力だけではなく、人間側の行動をエージェントおよび人工知能が理解する入力部分の開発が重要となってくるだろう。

また、こうした人狼エージェントをつくって遊ぶことで、社会的スキルの教育用途に利用していくことも可能となる。丹野らは、人狼を用いたトレーニングを行うことによって、社会的スキルや自己主張の能力が高まったと述べている◆1。また Aylett らによる、人狼ゲームを多文化コミュニケーション教育に利用した例もある◆2。丹野らの実験では、全員が人間で人狼を行っているが、筆者らはこの実験を、人間は 1 人のみで他のプレイヤーが全員筆者らの作成したエージェントを使って行いたいと考えている。この実験で、社会的スキルや自己主張を向上させるという結果が得られた場合、筆者らの作成したエー

◆1 丹野宏明.「人狼ゲームを用いたコミュニケーショントレーニングの効果測定」. 日本社会心理学会. 2015.
◆2 R. Aylett, L. Hall, S. Tazzyman, B. Endrass, E. André, C. Ritter, A. Nazir, A. Paiva, G. Höfstede, and A. Kappas, "Werewolves, cheats, and cultural sensitivity", *Autonomous Agents and Multi-Agent Systems*, 2014, pp. 1085-1092.

ジェントシステムは社会的スキル教育の手助けとなり得るかもしれない。

■まとめ

本章では、人狼知能エージェント実現のために現在進行中の研究について紹介した。それぞれの研究は発展途上である。これを読んで、自分だったらこんなことができる、こんな研究を行いたいと思った方もいるかもしれない。

是非そのような方は、人狼知能実現に向けご協力いただければ幸いである。人狼知能プロジェクトとともに研究を進めていただいてもよいし、独自にすごい技術を開発し、筆者らを驚かせてくれるような方が現れることにも期待している。

第8章

人狼知能が拓く未来

そもそも、人はなぜ人工知能をつくるのだろうか。

この問いを人工知能の研究者に投げかければ、さまざまな答えが返ってくるだろう。人工知能をつくることで、世の中に存在するさまざまな問題を、人間より賢い知能をつくって解決したい、という研究者もいる。人間と同じような知能をつくることで、私たちと対話し、友達となってくれるような知能を求める研究者もいる。あるいは、人類の文化を継ぐ者として、人工知能の作成を目指す者たちもいる。目的はさまざまである。しかしそのなかで、どの研究者にも共通しているのは「人工知能をつくることで、そもそも知能とは何か、人間はどのような知能をもっているかを明らかにしたい」という動機ではないだろうか。

人類はその長い歴史のなかで直面したさまざまな謎や問題を解き明かしてきた。にもかかわらず、自身の知能とは何か、という根源的な問いはいまだ解明されていない。宇宙の仕組みを知るための科学が、果てしない崖に階段をつくって一歩ずつ上っていく旅だとすれば、人工知能の研究は状況が刻々変化するジャングルの探検にたとえられるかもしれない。宇宙はその姿を簡単には見せてくれず、そのため研究者たちは必死になって観測し、予測し、真実にたどり着こうと全力を上げて成果を積み上げていく。ニュートンが自分を「巨人の

肩に乗る小人」にたとえたように、宇宙を知る科学的成果の一つひとつは些細なものだが、確実に積み上がって私たちに新しい世界を見せてくれる。

　一方で、人工知能の研究では、知能の存在を示す手がかり自体は私たちの周りに溢れており、容易に事例を発見することができる。しかし、逆に手がかりが溢れすぎており、何が本質的で、何が瑣末な問題なのかさっぱりわからない（どちらに一歩踏み出せば進んでいることになるのか、合意をとることすら難しい◆1）。前者の「宇宙の仕組みを知る研究」に比して、人工知能研究を「賽の河原の石積み」だと自虐的に表現する研究者もいるが、この分野では突然環境が変化し、いままで積み重ねてきた方法論が全然通用しなくなることも度々ある（一方で、それまでコツコツと地道に積み上げてきた方法論が、いきなり主役に躍り出ることもある）。知能というのはそれだけ捉えどころがないのである。

　しかし工学者の端くれとして一つ確実に言えることは、「いくら時間がかかっても、問題が明確でありさえすれば、人間はその問題のほとんどを必ず解決してきた」ということである。逆に言うと、解決しない問題では、実は「何が問題であるか」を明確に定義ができていないことが多い。実際、研究者として旅立つ際に最初に言われるのは「問題を明確にすることができれば、研究は半分以上終わっている」ということである。そう考えると、私たちが、自分たちのもっている知能とは一体何なのか、定義できるほど十分に賢くないことが困難の本質なのかもしれない。

*

　人狼知能に戻ろう。では、人狼ゲームをプレイする人工知能をつくるという問題を解くことで、何がもたらされるのだろうか。私たちは人狼ゲームに勝つ人工知能をつくることで、人間を出し抜きたいのだろうか？　私たちに嘘をつく AI をつくることで、一体全体誰に、どのような貢献が生まれ得るのだろうか？

◆1　現代の人工知能研究者のさまざまな立場を知りたい方には、次の本をおすすめする：『人工知能とは』（人工知能学会監修，近代科学社，2016）。

これまで各章で述べてきたとおり、個々の技術を開発することの利点を示すことはできる。ただ、上記のようなこれまでの人工知能研究の大きな流れに沿って考えれば「人狼知能の研究をすることで、人狼というゲームがどのようなゲームかわかってくる」ということが言える。人狼知能研究を進めることでわかってきたこと／わかってくるであろうことは「私達の慣れ親しんできた人狼ゲームが、実はどんな素晴らしい要素をもっていたか」ということである。第1回の大会で優勝したチーム「饂飩」の製作者は、エージェントどうしの組み合わせで人狼の確率を考えることにより、良い成績を収めてきた。「饂飩」の製作者はBBS人狼のプレイヤーでもあり、そこで有効な戦略が実際にも良い成績を収めている。これはある意味で言えば、日本における「オンライン人狼の十数年の歴史」が他の人工知能に勝利したのだ、とも言える。第5章の分析からは、いままで楽しまれてきた人狼というゲームが、精緻なバランスのうえに成立しているものだったことがわかる。逆にプロトコル・言語の設計は、私たちが人狼のプレイときに使う言葉が、実はとても複雑な情報処理であった、ということを明らかにしてくれる。こうした研究過程を通して、人狼というゲームの素晴らしさ、そして、その人狼をプレイするプレイヤーの素晴らしさというものが間接的に明らかになってくる。

　これは当たり前すぎて言われないことかもしれないが、ある研究課題を追究する研究者というのは、大半がその研究課題に対して尊敬の念を抱いている。人狼知能を研究対象とする我々は、人狼ゲームとそれを取り巻くプレイヤーの文化に対して、深い尊敬を抱いているということは明記しておきたい。尊敬するからこそ、その仕組みを知りたいと願うのである。

＊

　人工知能研究をどこまで続ければ知能を知ったことになるのかいまだ目算がつかないように、人狼知能をどこまで続ければ人狼ゲームを解明したことになるのか、実はまだわかっていない。その点を指摘されることも多く、私たち研究者たち自身が、課題をもっと明確に言語化しなければならないと思う。その点は常に反省している。

それでも、直感的に言えば、極めてシンプルな形でありながら、十数年以上（もとをたどれば数十年、数百年以上かもしれない）人々をひきつけてきたこの人狼というゲームには、人間の知能の本質に迫る課題が隠れている、と私たちは感じている。この踏み出した一歩が価値ある一歩であることを私たちは信じているし、筆者ら、そして人狼知能研究にかかわっていただいている人々の取り組みが、人間の知能の本質の解明に貢献することを、信じている。

■謝辞

　本書を書くにあたり、ご協力いただいた皆様に謝辞を述べる。

　人狼 BBS 管理人の ninjin 氏には、人狼 BBS のデータを快くご提供いただいたことに感謝いたします。本データは研究の推進に大きく寄与しており、人狼とは何かを探るうえでも、人狼知能を実現するうえでも欠かせないデータとなっています。人狼知能プロジェクトの実験・調査に参加して下さった皆様および東京工芸大学人狼サークルの皆様にも感謝いたします。

　また、人狼ルーム代表・人狼 TLPT 監修　児玉健氏、株式会社人狼取締役　高橋一成氏、ゲームクリエイター人狼会主宰　イシイジロウ氏およびゲームクリエイター人狼会参加者各位、アルティメット人狼主催　眞形隆之氏には直接間接的にさまざまなご協力をいただき感謝しています。

　はこだて未来大学　松原仁先生、株式会社スクウェア・エニックス　三宅陽一郎氏、国立情報学研究所　佐藤健先生、株式会社コロプラ　梶原健吾氏、電気通信大学　栗原聡先生，東京大学　園田亜斗夢氏には、人狼知能プロジェクトをさまざまな面から支えていただき感謝します。

　最後に、人狼知能プロジェクトに対して資金的な援助をいただいた科学技術融合振興財団助成、一般社団法人人工知能学会・実践 AI チャレンジ研究助成および 30 周年記念事業、中山隼雄科学技術文化財団助成研究費、人工知能研究振興財団、科学研究費補助金挑戦的萌芽研究 15K12180、科学研究費補助金新学術領域研究（研究領域提案型）26118006 に深く感謝します。

索引

英数先頭

.NET	100
4Gamer	118
5人人狼	95
AlphaGo	2, 10
ASCII×デジタル	118
Bonanza	8
CEDEC	99, 118
CO：Coming Out	28
El Ajedrecista	7
ENIAC	7
GAME Watch	118
GPS将棋	9
HAL9000	7
Heads-up limit hold'em poker	10
Java	100
Jeoperdy!	134
Mecab	127
MMD Agent	137
Python	100
RoboCup	14
Unidic	127
Watson → ワトソンシステム	
Wikipedia	134
Wizard of Oz（WoZ）法	136

あ行

あから2010	8
アノテーション	136
犬	26
うそつき人狼	36
裏切り者	26
占い師	25
運ゲー	46
エンターテイメントコンピューティング研究会	11
王様	26
音声合成ソフトVOICEROID＋	137
オントロジー	64, 131

か行

回答抽出モジュール	130
係り受け解析機KNP	128
騙り	30
可能世界論	67
狩人	26
環境要因	16
完全情報ゲーム	3
記憶	53, 63
記号化困難性	3
きまぐれ人工知能プロジェクト　作家ですのよ	135
究極の人狼	38
協調	15, 62
共同注意	71
共有者	26
グランドチャレンジ	11
グレイランダム	35
形態素解析	127
毛深い人	26
ゲーム情報学研究会	11
ゲーム対戦AI	2
ゲームマスター	23
検索モジュール	130
行動	53
高度な推論	15
コミュニケーションAI	4
コンピュータ将棋	
―プロジェクトの終了宣言	2
―選手権	8
―の展開	8

さ行

最大値選択	61
ささやき（人狼どうしの対話）	105
雑談	93
思考	53, 59
質問応答システム	129
質問解析モジュール	129

襲撃 23
囚人のジレンマ 14
情報処理学会 2
情報非決定性 16
初心者チーム 79
人工知能学会 11
人狼BBS 29, 78
人狼TLPT 39
人狼〜嘘つきは誰だ？〜 40, 140
人狼系なりきり推理ゲームダンガンロンパ1・2
　　超高校級の人狼 38
人狼ゲーム 1, 2
人狼ゲーム面接 41
人狼知能 1
人狼知能大会 2, 99
人狼知能プロジェクト ii
人狼知能プロトコル 110
セオリー 30
説得 5, 27, 69
全潜伏 32
潜伏白 35
相互占い 34
ソフトウェアエージェント 43

た 行
対面人狼 21, 38
タブラの狼 36
追放 22, 23
ツツカナ 9
強い人狼知能 18
ディープ・ブルー 7
ディープラーニング 2
電王手くん 125
統一占い 34

な 行
汝は人狼なりや？ 36
日経電子版 118
認識 53
認知モデル 44
ノンバーバル情報 38, 136

は 行
発話終了宣言（Over） 104
発話省略（Skip） 104
ハムスター 26
パワープレイ 32
ビッグデータ 2
不完全情報性 3
ブライスのパラドックス 4
昼のフェーズ 23, 104
プロダクションシステム 59
ベテランチーム 79
ポーカー 10
ボディーガード → 狩人
ボナンザメソッド 8
ボンクラーズ 8

ま 行
魅せる人狼 17, 39
見破る 4, 28

や 行
妖狐 26
様相論理 67
夜のフェーズ 23, 106

ら 行
ライン切り 74
ライン推理 73, 76
両吊り 35
ルールベース 57
ルールベースモデル 59
ルーレット選択 61
霊媒師（霊能者） 25
ロジスティック回帰 88
ローブナー賞 14
「ロボットは東大に入れるか（東ロボ）」プロジェクト 134
ローラー 35

わ 行
ワトソンシステム 2, 134

著者紹介

鳥海不二夫（とりうみ・ふじお）
　2004 年東京工業大学大学院理工学研究科機械制御システム専攻博士課程修了。博士（工学）。同年名古屋大学大学院情報科学研究科助手。2007 年同大学助教。2012 年東京大学大学院工学系研究科准教授。現在に至る。社会データマイニングやエージェントシミュレーションの研究に従事。人狼知能プロジェクトを牽引する。

片上大輔（かたがみ・だいすけ）
　2002 年東京工業大学大学院総合理工学研究科知能システム科学専攻博士後期課程修了。博士（工学）。同年東京工業大学大学院総合理工学研究科助手。2007 年同大学同研究科助教。2010 年東京工芸大学工学部コンピュータ応用学科准教授。現在に至る。人工知能、ヒューマンエージェントインタラクションに関する研究に従事し、近年は主に人狼知能、雰囲気工学に関する研究を行っている。ちなみに将棋棋士にも人狼をやっている同じ名前の方がおられるようなので、いつかお会いしたいと思っている。

大澤博隆（おおさわ・ひろたか）
　2009 年慶應義塾大学大学院開放環境科学専攻博士課程修了。博士（工学）。2009 年米国マサチューセッツ工科大学 AgeLab 特別研究員。2010 年日本学術振興会特別研究員 PD に採択され、国立情報学研究所へ出向。同年から 2011 年にかけて、JST さきがけ専任研究員に従事。2011 年より慶應義塾大学理工学部情報工学科助教。2013 年より現在まで、筑波大学大学院システム情報系助教。ヒューマンエージェントインタラクション、人工知能の研究に従事。

稲葉通将（いなば・みちまさ）
　2012 年名古屋大学大学院情報科学研究科社会システム情報学専攻博士後期課程修了。博士（情報科学）。同年広島市立大学大学院情報科学研究科助教。現在に至る。非タスク指向型（雑談）対話エージェント、対話型ゲームの研究に従事。

篠田孝祐（しのだ・こうすけ）
　2004 年北陸先端科学技術大学院大学知識科学研究科知識社会システム学専攻博士後期課程修了。博士（知識科学）。2012 年慶應義塾大学特任准教授。2014 年電気通信大学大学院情報理工学研究科助教。現在に至る。マルチエージェントシミュレーション、群衆シミュレーションの研究に従事。

狩野芳伸（かの・よしのぶ）
　2007 年東京大学情報理工学系研究科コンピュータ科学専攻博士課程単位取得退学。博士（情報理工学）。東京大学情報理工学系研究科特任研究員、JST さきがけ研究者等を経て、2014 年静岡大学情報学系准教授。現在に至る。自然言語処理、対話システム、テキストマイニングの研究に従事。

編集担当	丸山隆一（森北出版）
編集責任	藤原祐介・石田昇司（森北出版）
組　版	ビーエイト
イラスト	有限会社ケイデザイン　谷口聡和子
印　刷	創栄図書印刷
製　本	同

人狼知能　—— だます・見破る・説得する人工知能 ——
© 鳥海不二夫／片上大輔／大澤博隆／稲葉通将／篠田孝祐／狩野芳伸　2016

2016年 8月19日　第1版第1刷発行　【本書の無断転載を禁ず】

著　者	鳥海不二夫／片上大輔／大澤博隆
	稲葉通将／篠田孝祐／狩野芳伸
発行者	森北博巳
発行所	森北出版株式会社

東京都千代田区富士見 1-4-11（〒102-0071）
電話 03-3265-8341／FAX 03-3264-8709
https://www.morikita.co.jp/
日本書籍出版協会・自然科学書協会　会員
JCOPY＜(社)出版者著作権管理機構　委託出版物＞

落丁・乱丁本はお取替えいたします。

Printed in Japan／ISBN978-4-627-85371-3